気持ちいいことには
すべて理由があります。

――しみけん

まえがき

「お医者様レベルの理論」と「たくさんの実践経験」
＝最高のセックス！

　僕の職業は AV 男優。女性とカメラの前でセックスをするのがお仕事です。

　はじめは「セックスができてお金がもらえる美味しいお仕事」という感覚ではじめた AV 男優も、19 年が過ぎ、身体を合わせた女性の数は 2017 年現在で 9000 人を超えました。

　セックスというのは相手がいないと成り立ちません。なので、意識・考え方の相違から、悩みが生じやすいです。

　例えば**「早漏です」「最近勃ちがよくありません」「セックスレスです」「イったことがありません」「クリトリスではイけるのに、膣中ではイケません」「私は不感症なのでしょうか」**などなど……。

　人は「自分だけの悩み」と思いがちですが、実は多くの人が同じ悩みを抱えています。

　そして僕は、経験から上記の悩みのほとんどに答えを持っています。

　現代では、悩みや疑問が生じると、ネットや SNS ですぐに答えを見つけることができます。**しかし、セックスの場合は、答えが見つかっても、結局は自分で解決しなければなりません。**

「セックスレスの原因はドーパミンに頼ったセックスをしているからなので、オキシトシンで行うセックスに切り替えましょう！」と伝えたところで、理解はしてもすぐにセックスレスは治りません。それを理解したうえで、実践しないといけないからです。でも、答

えがわかっていて理解していれば、解決に向かって行動を起こしやすいですよね。

　世の中にヤリチン・ヤリマンは多かれど、ただセックスの数を積み重ねただけの人がほとんど。考える機会を与えられているのに考えようとしないのは、実にもったいない！
　あと、よく耳にするのはお医者様の意見です。これは理論に基づく、正解に近い答えなのですが、セックスは研究室で行われているのではなく、ベッドの上で行われているのです。「事件は会議室で起きてるんじゃない、現場で起きてるんだ！」と同じですね。なので僕の中では不完全です。
　では、お医者様レベルの理論と、たくさんの実践経験が組み合わさったセックスはどうでしょうか？
　答えは「最高のセックスへのおみちびき」となります。

　AV男優をやっていて気づかされたこと。**それは「性について男女問わず多くの人が悩んでいる。そして、セックスが充実すると人は明るく元気になる」ということです。**
　そんな悩める人たちが少しでも明るく元気になって、毎日を楽しんでいただければと思い、この本を書きました。
　本書を読み終わったあとに「この本に出会ってよかった」と思えるように渾身の力を注いで執筆しますので、ご期待くださいませ。そして、この本で解決できなかった悩みはいつでも僕のほうへご相談ください。
　一緒に考えて、お互いに成長していきましょう！

しみけん

SHIMIKEN's BEST SEX
Contents

002 まえがき
「お医者様レベルの理論」と「たくさんの実践経験」＝最高のセックス！

009 Lesson 1
セックスをする前に大切なこと
010 セックスに模範解答はありません
012 「イカせなきゃ」「イカせてもらおう」という考えは捨てましょう
014 自分で「セックスが上手い」と言う人に本当に上手い人はいません
016 自分を客観視して「見栄やプライドの断捨離」をしましょう
018 積極的に自分の意思を伝えましょう
019 まず自分の身体をよく知りましょう
021 セックスで悩み、考え、豊かな人生にしましょう

023 Lesson 2
オーガズムとは？
024 男は身体でイキ、女は脳でイキ、心で満足感を得る!?
026 女性のオーガズムの見極め方
028 あいうえおの法則
032 セックス中の会話は短く「5文字以内」で
033 賢者タイムは無視できる!?
035 「イキやすい身体」の作り方❶　自分の身体を知りましょう

037 「イキやすい身体」の作り方❷　オナニーをしましょう

041 「イキやすい身体」の作り方❸　イクための環境を整えましょう

043 早漏でも遅漏でも、解決策はある

045 **Lesson 3**
準備について

046 女性に嫌われる人、嫌われない人

051 男は視覚で興奮し、女は聴覚で興奮する

053 セックス前に風呂に入るか、入らないか論争

054 コンプレックス克服法

058 男が服を脱がせる時に、したほうがいいこと

060 陰毛の処理はどうするべき？

062 病気？ 体質？ 気になるニオイの対処法

065 **Lesson 4**
キスについて

066 キスでセックスの相性がわかる

067 上手なキスをしたいなら、「唾液量」に注意

070 キスは「接地面」が多いほどに快感が増す

071 キスの種類と順序

075 **Lesson 5**
愛撫について

076 清潔第一! 相手に触る前に注意するべきこと

079 愛撫の基本は身体に対して縦方向

081 愛撫されている時も、手はおろそかにしない

082 愛撫の時、大切なのは「芯をとらえる」ということ

084	前戯の時には阿修羅のごとく四肢をフル活用!
085	"ミミトリス"と"クビトリス"
087	女性の本当の性感帯は脳みそ!?
088	乳房の触り方
090	乳首を触る指は薬指がベスト!?
092	乳首の舐め方
094	男だって、みんなBBB!
095	クリトリスの触り方
098	Gスポットの上手な攻め方
099	潮吹きに必要なのはアイドリングと体水分量

103 Lesson 6
クンニについて

104	クンニはペロンではなくテロンと
106	最終奥義「しみクンニ」!
108	ペニスグリップ・オブ・マーマン

109 Lesson 7
フェラチオについて

110	パンツを脱がせる前に
111	手コキは、指5本をフル活用!
114	フェラチオでは、「唾液の量」「接地面」「両手」に注意!

117 Lesson 8
シックスナインについて

118	シックスナインのベストなタイミンク
119	睾丸の位置で発射のタイミングがわかる?

120 挿入へ移行する時は「どこかが触れている安心感」を

121 **Lesson 9**
挿入について
122 コンドームをつけない男は本当のダメ男
124 コンドームを5秒で装着する方法
127 知っておきたいコンドームのマナー
128 「僕もはじめてだから」はNGワードです
130 あと5センチの勇気
132 生理中のセックスについて
134 挿入したら最大10秒はペニスを動かさない
135 挿入中、目はあける？　つむる？

137 **Lesson 10**
体位について
138 ベクトル計算を考えた身体と腰の使い方とは
140 体位を変える時は、関節を押して、指先ひとつて
142 重力に逆らわないセックスだと疲れない
144 挿入中に、女性側が気をつけるべきポイント
145 正常位では、「肩」と「手の位置」を意識
147 側位は唯一、射精コントロールのできる体位？
149 騎乗位は、上下ピストンと前後グラインドを織り交ぜてみよう
152 バックが何倍も気持ちよくなる方法
154 普通のバックの4倍以上の快感!? 究極の体位「ロールスロイス」
156 女性に大人気の体位・対面座位
158 背面騎乗は男性側の安定感で気持ちよさが変わる
160 本当は気持ちがいい体位・駅弁のコツは首を密着させること

162	立ちバックはお尻を天井に向け、かかとで踏ん張る
164	萎えた時の対処法
168	早漏を気にするよりは、テクニックを磨くのが先
171	「遅漏」「セックスでイケない」と思ったら疑ってみるべき5つの原因
174	射精の伝え方で今後の関係が変わる？
176	四種目の神器「電マ」を操る

181 Lesson 11
後戯について

| 182 | 後戯をしない男はクズである |
| 184 | セックスレスは改善できます！ |

188 Never Ending Story　あとがきにかえて

Lesson 1

セックスをする前に大切なこと

SHIMIKEN's BEST SEX

セックスに模範解答は
ありません

　いきなり哲学っぽくなってしまいますが、「いいセックス」とは
どんなものなのでしょうか？

　そう聞かれて即答できる人は、歴史上で見ても、すごく少ないん
じゃないかと思います。

　古代ギリシャの哲学者・プラトン先生はセックスについてたくさ
んの書物を残していますが、「セックスの快楽は最強だが、人を狂
わすもので我慢が美徳」（『国家』より）というようなことを言ってい
ます（解釈が違っていたらゴメンナサイ！）。

　**僕自身、「これが正しいと言い切れるセックスはない」と思って
いますし、実際わからないことも多いです。**

　僕はAV男優なので、"AVの演出"として相手の女性をイカせる
ことを目的としたり、視聴者を意識して激しくやったりしますが、
必ずしもセックスで求められるものが「男女ともオーガズムに達す
る状態」とは限りません。

　男女ともに（特に男性は）、若いうちは独りよがりのセックスにな
りがちです。10代から20代前半ぐらいまでの男性は、AVの受け
売りで、自分が上手いとアピールしたいがために潮吹きをやって、
相手を痛がらせてしまったり、ちゃんとした"ほぐし"の知識もな
いのにアナルセックスをやってしまったりして、相手の女性にイヤ
な思いや痛い思いをさせてしまうことも多く見受けられます。そし

て女性側も、若いうちはそういう男としか出会わないことが多いため、セックスの良さを知らないで齢を重ねてしまう人も多かったりします。

でも、仮に早漏でも、イカなかったとしても、「イヤな思い」や「痛い思い」を相手に与えずお互いが満足感を得ていれば、そのセックスは「良し」なんです。

また、少なからず男女とも他人のセックスが気になるようで、「自分のやっている行為はいいのか、悪いのか」ということを考えたがるのですが、他人と比べる必要はまったくありません。誰かがいいセックスをしていたとしても、それが自分にとっての正解ではありません。なので、他人のセックスに興味を持つことはよいとしても、比べることはないんです。

セックスの内容や時間なども気にしてしまいがちですが、そういう技術的なものは関係なくて、本当に理解してほしいのは「お互いの満足感の大きさ」。

ぼんやりとした答えになってしまいますが、「いいセックス」とは、セックス中やセックスが終わった後に、「あぁ、この人と一緒にいられてよかった」、「また、この人とセックスしたい」と相手に思ってもらえるようなセックスなんじゃないかな、と思っています。

「Don't think, feel」です。

―― しみペディア ――

幸せを感じられるセックスの正体は、幸せホルモン「オキシトシン」が出るから。「オキシトシン・セックス」ができるカップルはセックスレスになりにくいです（セックスレスについてはP184）。

「イカせなきゃ」「イカせてもらおう」という考えは捨てましょう

この本を書くにあたって、セックスの悩みについて、男女問わず多くの方に話を聞きました。

たくさんの方に「どんなセックスが一番よかったですか？」という質問をしましたが、その答えのなかで共通していたのが、「相手が心を許している存在だった」ということです。

どんなにテクニックをもった人とのセックスよりも、心の鍵を上手に開けられる相手とのセックスのほうが、精神的な満足は上だということを改めて教えられました。

もちろん、「相手の心を開く」というのは、すぐにできることではありませんよね。でも、人間って欲深い生き物なので、「すぐにでも精神と肉体の両方を満たしたい」と願ってしまいます。すぐに結果を求めてしまうので、いろんな過ちに陥りやすいのです。

過ちに陥りやすい人の共通点は、「イク＝満足＝ゴール」だと思っていること。

そんなプレッシャーを相手に感じなくてもよいのです。

セックスは相手ありきの行為で、ひとりでできるものではないので、セックスにおいて「本来目指すべき確固たるものなんてない」ということを亀頭の片隅においておきましょう。

僕自身が「いいな」と思うセックスは、セックス中やセックス後に「相手が何を考えているのか」がダイレクトに頭のなかに入って

くるようなセックスです。

　そして、相手も僕が何を考えているのかを読み取ってくれる。それは、まるでテレパシーのようです。「シックス・センス」ならぬ、「セックス・センス」です。

「相手が何を求めているか」を感じ取って、その場のかじ取りをする。それは、「言葉を使わないコミュニケーション」として、セックスの最中に汲み取ってあげるべきものです。そのなかで、どうしても相手がどうしたいかがわからなかったら、ヒントとして聞くのはアリだと思います。「ここ？」「痛くない？」「続けていい？」など、ちょっとずつ要所要所に質問を散りばめていくと、それがお互いの満足度アップにつながっていくでしょう。

セックス・センスは意識することにより磨かれていきます。

しみぺディア

相手がセフレの関係で、物理的な快感を重視している時は、「イカせる」ことをゴールにすることもあります。テクニックで相手の期待に応えることも、時には重要となります。

自分で「セックスが上手い」と言う人に本当に上手い人はいません

　男女のセックスにおいて、コミュニケーションを困難にする原因のひとつは、「見栄やプライド」です。これは、男女共に共通することではないでしょうか。

　僕の自論のひとつが「ダサい・ダサくないを気にしている人が一番ダサい」というもの。周囲の目を気にしてかっこつけている人よりも、自然体でいる人こそかっこいいと感じます。セックスもそれと同じセオリーが当てはまっていて、「俺・私はセックスが上手い」と宣言してくる人は、たいがい下手です。

　こういう「セックスが上手い」宣言をする人たちに多いのが、自分が過去に経験したセックスで一番良かったセックスや、一番気持ちよかったと言われたセックスを、どんな相手に対しても同じようにぶつけようとすること。そうやって「型通りのセックス」をした結果、ピースがうまく当てはまらずに、もがいている。

　誰かにとっては良かったものが、目の前の相手にとっても良いセックスであるとは限りません。だからこそ、自然体でいくのが一番なんです。

　また、セックスの際に多いのが、「セルフ・ハンディキャッピング」する男性。これは前もって「言い訳」をすることで、自分の心に保険をかけ、プライドを守ろうとする行為です。

　たとえば、誰かとボウリングに行ったとします。その時「最近、

ボウリングしてないからなぁ。腕がなまってるかも……」と言う人が多くいます。そう言っている時点で、プライドが邪魔をしているのに、それに気づいていない。

セックスにおいてもそれは一緒で、「今日は溜まってるからすぐイッちゃうかも」、「今日は寝不足だから勃ちが悪いかも」、「お酒飲んじゃったから……」。こんなことを言って、自分の心に保険をかけていませんか？ そんな言い訳をするぐらいなら、いつセックスのチャンスがきてもいいように刀を研ぎすませておいてください。

特にお酒に関して。僕が知る限り、お酒は最高の媚薬ですし、楽しいのでついつい飲みすぎたり、頼りたくなる気持ちもわかります。でも、お酒の力を借りれば、当然その分マイナスがきます。「何かを得れば何かを失う」。世の中プラマイゼロのトレードオフ。そこまできっちりと計算にいれるべきで、セルフ・ハンディキャッピングをしない人生を歩みたいですね。

「過去に経験した一番いいセックス」が
すべての人に当てはまるとは限りません。

~~~~~ しみペディア ~~~~~

そして、ペニスの大きさ自慢をする人は99％セックスが下手。「どんなペニスが与えられたかではなく、与えられたペニスをどう使うのか」が重要なのです。

自分を客観視して 「見栄やプライドの断捨離」 をしましょう

　人間（特に男性）は、見栄やプライド、建前を大切にしがちですから、それらはなかなか捨てられません。時には見栄やプライドを保とうとするあまり世間に見捨てられたり、大切な人に捨てられてしまうケースも。そんな時、「なんでこうなってしまったんだろう？」と客観的に原因を考えられる人は、僕の体感値では10％以下です。自分を客観視できない人というのは、「見栄やプライドの断捨離」ができていない場合が多いです。

　では、どんな人が見栄やプライドの断捨離ができている人なのか。それは、自分が誤解されそうなことに対して、「まぁいいよ」の精神で、誤解を恐れない人です。

　前に、僕がとあるプライベートな飲み会に参加した時のこと。ひとりの見知らぬ男性が、僕に向かって「しみけんさんの作品、何作も見たことがあります」と話しかけてくれたのです。ただ、僕はその人が誰なのかがわからず、「スタッフさんかな」と思いながら、その場で楽しくすごしました。そして帰り際、別の人から、その人がいま大人気の某有名アーティストだったということを教えられました。

　その時、「こんな有名な人なのに、身分を明かさないで僕に話しかけてきてくれた」ということにすごく感銘を受け、好感をもちました。もしもその人が超有名人だと先に知っていたら、僕自身も彼

のことを色眼鏡で見てしまっただろうし、僕のほうが質問攻めにしていたに違いありません。誰とでもフラットな姿勢で話をしようとするその姿勢は、本当にかっこいいなと思うと同時に、その人のことをより好きになりました。

見栄やプライドの断捨離ができていない人の共通点としては、話の主語がたいてい「僕」「私」など"自分"になっています。自分のことばかりを話したがる人は、もちろん断捨離ができていませんし、「自分はすごいとアピールしたがる人」もまたしかりです。

そして、男性だったら年収や車や時計、交友関係、女性だったら自撮り写真やブランド名を気にしたり、キラキラ女子の演出をする人。自分自身がブランドになっていないからこそ自信がなくて、ついそういうものに頼ってしまうのかもしれません。

見栄やプライドの断捨離をするためには、まず自分を客観視する。自分を客観的に判断するために、周囲からの誤解を恐れない。そのなかで、譲れないものは何かを見極める。そして、自分で見栄やプライドを捨てられた瞬間こそ、自分の気持ちが相手に伝わり、相手の本心を引き出せるのだと思います。

「見栄やプライドの断捨離」のコツは、
周囲の誤解を恐れないこと。

―― しみペディア ――

とはいえ、仕事や生き方に対するプライドまで捨てるわけではありません。他人の心を動かすことのできない「どうでもいいプライド」を捨てましょう！ って話です。

積極的に自分の意思を伝えましょう

　セックスにおいて、大切なのが、「ほどほどの積極性」です。特に女性にお伝えしたいのですが、セックスの時に「自分の意思を伝えること」は恥ずかしいことやあつかましいことではありません。「そこはダメ」などと相手を責めるのではなく、「もっと○○して」、「やめないで」など相手に自分の意思を伝えるということ。**ちなみに、僕がセックス中に女性に言われて嬉しい言葉のひとつに「そのまま」というのがあります。**「そのまま」と言ってくれたなら、「芯をとらえられた！」そして、「相手もちょっとは心を開いてくれたんだな」……と思えるからです。

　自分の意思を相手に伝えるのは恥ずかしい……と思ってしまうのもわかりますが、そこに「よく見られたい」という気持ちが入っているのであれば、まだプライドが邪魔をしている証拠です。

　また、「これを言ったら嫌われるかも」と思ってしまう人もいますが、自分が本音を言ったことで嫌ったりするような相手とは付き合うのをやめましょう。なぜなら、相手の気持ちを汲み取れない人は考えが凝り固まっている人。これは、人間関係の断捨離です。

「よく見られたい」「これを言ったら嫌われるかも」という気持ちを捨て、正直な人になりましょう。

まず自分の身体を
よく知りましょう

　何かに不安がある時。それは「わからないことがある」時ではないでしょうか。

　例えば、おばけ屋敷がいい例で、前もって「ここからこんなおばけが出てくるよ」と言われたら、怖くはならないはずです。**なので、セックスについて不安を抱いてる人は、何に対して不安を抱いているのかを知り、あらかじめ対策を考えるとよいです。**その時の不安要素が目に見えるものであるなら、裸になって鏡の前に立ってみるのもいいですよね。そして、自分の身体の形や感覚を知って、それをどう使うかを考えてみてはいかがでしょうか。

　『寄生獣』という漫画で、主人公に倒される敵はたいがい自分の身体の特徴をよく知らないところに敗因がありました。だから弱点を狙われて、やられてしまう。一方で、主人公は自分の身体の弱点や長所をよく知っていたので、いろんな敵を倒すことができました。このように「己を知る」ということは、すごく大切なことなんですね。

　自分の身体をよく見て、ちゃんと対話する。これは男性も女性も同じことです。**男性はオナニーをするだけじゃなく、「自分のペニスはどういう風に動かすと効果的に相手を気持よくさせられるのか」を考える。**

　後で詳しく書きますが、「この体位は自分がイキやすい」、「この体位なら長時間持続させられる」などといった自分の身体の特徴が

Lesson 1 セックスをする前に大切なこと

わかれば、セックスをする時にその特徴を生かして流れを組み立てることができます。

そして、**セックスは毎回「いいセックス」である必要はないんです**。毎回いいセックスをしなきゃと思うと、それがプレッシャーになってしまいます。毎回、そのシチュエーションでの最高を目指していけばOK!

たとえば、雪山の木陰で青カンするのとホテルの広いベッドの上でセックスするのでは、絶対に同じにはなりません。できるセックスが違うのですから、必要となってくるものも変わりますよね。

与えられた状況のなかで、自分の持っている知識や技術を使って、どうやったらその時のベストを尽くせるか。それを考えるためにも、自分の身体の特徴を知っておくこと。「何を持っているか」ではなく、「それをどう使うか」が重要なんです。

自分のなかでの「わからないこと」を減らし、その時のベストを目指しましょう。

しみペディア

「雪山の木陰で青カンする」と書きましたが、実際、撮影でそういうシチュエーションがありました。でも、動いていると意外とあったかいんですよね。

セックスで悩み、考え、豊かな人生にしましょう

　セックスにおいて見栄やプライドは邪魔にしかなりません。自分がそれらに左右されていることに気づいていない人だっています。

　僕も昔はそうでした。見栄や虚勢を張って、自分が他人より優れているかのように振る舞ってしまう過去がありました。

　使いもしないコンシェルジュ付きのブラックやプラチナのクレジットカードをサイフにびっちり揃えたり、身体はひとつしかないのに高級車を何台もならべてみたりしました。そんな恥ずかしい姿を、僕のメンターであったマツコ・デラックスさんは気持ちがいいくらい批判してくれました。メンターは人生においての指導者や助言者のことで、「こういう大人になりたい」と思わせてくれる大変ありがたい存在のことです。

　僕が高級車を買ってナンバープレート「1」をつけて乗り回していると、マツコさんがそれを見て、「オメーみてえな馬鹿がそんなナンバーつけるんだな」と一喝。そうです。目立ちたくてこのナンバーにしていました。目立ち方が間違っていました。高級車をならべて「すごい」と言われるのは、自分の本当の魅力を評価されているのではありません。高価なものをひとつも持っていなくても「すごい」と言われたら、それは僕の魅力を評価されたんですよね。メンターのひと言で、すぐ車のナンバーをランダムナンバーに替えました。

ほかにも20代前半のころ、ナンパしては遊んでいて、「女好きだねえ」と言われて気持ち良くなっていたところ、あるメンターに言われたひと言。「しみけんは女好きじゃなくて、ただ射精が好きなだけだよね」。これを聞いた時も衝撃を受けました。突然おそってきた罪悪感。僕は今までどれだけ相手を傷つけてきたのだろうと悩みました。

そこから生まれた考えが、「しみペディア」です。

ヤリチン・ヤリマンは世に多かれど、ただ"ヤッてる"だけではただの犬。ヤリまくった末に"何を考えて、何を得たのか"を説明することによって、はじめてその数字が意味を成す。ただ積み上げた数に意味はありません。

ちなみに、ヤリチンの9割が相手の気持ちを考えないただの射精好き、1割が相手の気持ちを考えてるフリをする射精好き。ヤリマンは、経験人数ではなく「寂しさをセックスで埋めようとする」女性のこと。ヤリマンは寂しがりやなんです。そこにつけこむ悪い男。そんな男に僕は成り下がっていたのです。また、セックスという行為を純粋に楽しむことができる男女を「プレイボーイ」「プレイガール」と呼ぶそうです。

尊敬できる人に出会うってのはなかなか難しいこと。いい会社に入るより、いい上司に当たるほうが難しいって言います。なので、メンターに巡り会えた僕は、とても運が良いです。みなさんには「こんな大人になりたい」と思える人はいますか？　そういう存在がいると、歳をとるのも怖くなくなり、人生が豊かになりますよ。

「こういう大人になりたい」と思わせてくれるメンターを見つけましょう。

Lesson 2

オーガズムとは?

SHIMIKEN's BEST SEX

男は身体でイキ、女は脳でイキ、心で満足感を得る!?

「お互いが満足できるセックス」。

その実現を目指して、僕は本書を書いているのですが、とはいえ、「オーガズムに達したい」、「絶頂感を味わいたい」、または「パートナーにイッってもらいたい」と思う方も多いと思います。

若いうちは、男女ともに（特に男性）は、相手のことをあまり考えない自分本位なセックスをしてしまいがちです。**年を経て愛する人に出会ったり、人生経験を重ねたりしていくうちに、「自分が気持ちよくなりたい」、「オーガズムを感じたい」というよりは、「満足度の高いセックスの結果として、相手にオーガズムに達してほしい」と思う人も増えてきます。**

では、多くの人が固執するオーガズムとは、どういうものなのでしょうか？

男性の場合は、性的刺激が高まると、「射精」というわかりやすい形でオーガズムを迎えます（射精はせずとも、脳が満足しセックスを終える男性も多くいます）。

男性は性器が外に出ているので、外的刺激を与えやすいですよね。シャコシャコシャコと性器をこすればピュッとなります。男性は精神的な刺激がなくてもオーガズムを迎えることが可能です。例えば、全然好きでもない女性とセックスした時や、まったくムードがないシチュエーションでもオーガズムに達することができます。

女性は、外的刺激と精神的刺激の両方が組み合わさらないと、なかなかオーガズムに達することができないようです。女性からの相談で「イッたことがありません」というものが多いのは、「精神的刺激」が遮られてしまうケースが多いからかもしれません。その要因は、男性のムードの作り方だったり、「羞恥心」を捨て切れていなかったりと、さまざまなケースが考えられます。**オーガズムを迎えられない人は、その原因は何なのだろう、と原因を探してみましょう。**そこから解決策が見えてきます。

ちなみに、この「男性は外的刺激でイキ、女性は脳でイク」という現象を証明するかのようなお話があります。みなさんは「腹上死」というものをご存じですか？ セックスの最中、もしくは終えた後に、突然死んでしまうことです。男女ともに起こりえる症状ですが、その死因は男女によって大きく違うようです。

男性の場合は「心筋梗塞」など心臓への負荷が原因で死に至るのに対し、女性は「脳卒中」や「脳梗塞」など脳の血管への負荷が原因で死に至ることが多いのだとか。これは、男性は肉体を使ってオーガズムに達し、女性は脳でオーガズムを感じているということを示しているのかもしれませんね。

> 男性は「女性には精神的刺激も重要」ということを忘れずに。

~~~ しみペディア ~~~

腹上死で亡くなった場合、診断書の死因欄には「腹上死」とは書かれず「突然死」と書かれるそうな。これは残された方へのせめてのもの優しさ？

女性のオーガズムの見極め方

女性がオーガズムを感じているのかどうかは、どうやったら見極めることができるのでしょうか。

相手が感じているかどうかを知りたいからといって、「イッた？」と女性に聞くのは無粋です。そんなことを聞かれたら、気持ちが冷めてしまいますよね。直接的に問いかけるのではなく、あくまでセックス中の自然なコミュニケーションのなかで、相手がオーガズムを感じたかどうかを確認することを目標にしましょう。

ただ、「女性がオーガズムを感じたか」を、その身体的特徴から見極めるのはかなり難しいです。

なかには、オーガズムを感じた時に、急に膣全体でペニスをバックンバックン締め付けたりする人もいれば（プラットホーム現象）、膣口は閉まっているのに膣内が膨張する「バルーン現象」と呼ばれるような現象を起こす人もいます。 ただ、これも万人に当てはまる兆候ではなく、挿入中に男性がその変化を感じることは難しいと思います。

そのなかで、女性がオーガズムを感じている時に見せる兆候として一番わかりやすいと思う

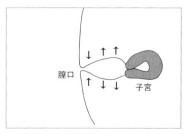

バルーン現象。膣口がギュッと締まり、膣内が空洞になる。

のは、「セックスフラッシュ」と呼ばれる現象です。

これは 30 代以降の女性に見られやすい現象なのですが、女性がオーガズムに達した瞬間、首周りから胸元にかけてうっすらと紅潮するというもの。首元の毛細血管の収縮が関係しているのではないかと思います。

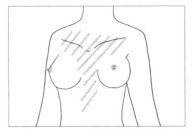

セックスフラッシュ。首周りから胸元にかけて紅潮する。

ただ、これもあくまで僕個人の経験で、人の数だけセックスの形があるように、オーガズムにもそれぞれ個人差があり、答えがありません。また繰り返しになりますが、「セックスはオーガズムにこだわらないこと」が重要ですから、これらの兆候はあくまでも参考として、これまた亀頭の片隅に置いておいてください。

また、なかには「女性がイッたかどうかわからないから、セックスのやめどきがわからない」という人もいるようです。

これは、相手と気持ちをつなげていると、「あっ、今、集中力が切れたな」とか「あ、今のは少し痛かったようだ」とか「別のこと考えているな」とわかります。これは感覚的なものなのですが、はじめは気持ちよかったのに、段々その気持ちよさが薄れてきたり、膣のホールドが弱まってきたら、集中力が切れてきた証拠です。「相手は何を思い、考え、感じているのか？」を探りながら行為をおこなうとだんだんとわかるようになってきます。

オーガズムの形は千差"マン"別。
「相手が何を感じているか」を探り続けましょう。

あいうえおの法則

　これも僕の経験則に基づくものですが、セックス中の女性の声の出し方で、相手がどう感じているのかを見分ける方法があります。名づけて「あいうえおの法則」。

　まずは「あ」。セックス中の女性はよく「あん、あん」という声を出しますが、男性は「女性が感じているから出している声」だと思ってしまいがちです。でも、僕自身が実際に女性にペニバンで突かれてみてわかったことなのですが、この「あん」は、男性に突かれた衝撃で反射的に出している声なのです。つまり呼吸と一緒ですね。だから、「あん、あん」と女性が声を出しまくっている時は、男性のペニスを気持ちいいと思っている他に、反射的に声が出ている部分もあると思います。ただ、途中で「あ〜〜〜」という、呼吸を無視したロングブレスのような声が出るようになれば、感じはじめているサイン。

　そして、その「あ」が「い」に変わった時。ここで、はじめて女性の感情が声に表れはじめていると考えていいでしょう。「い」という声は、単なる反射的なものではなく、気持ちよさを感じないとなかなか出てこないものです。

　次は「う」。女性がセックス中に気持ちがよくなってくると、「うーー……」と唸るような声を出すことがあります。

　続いて「えっ……」という、かすれた声です。この時点では、女

性の意識は遠くなっていて、恍惚感を得ている状態だと考えられます。

　最後に「お」。稀に「おっ、おっ」という、掛け声のような声を出す女性もいます。これは若い人にはあまりおらず、主に熟女さん特有の声の出し方のように思います。女性は年齢とともに声が低くなってくるのかもしれません。

　そのほか、変わった喘ぎ声を出す女性に遭遇したことが何度もあります。印象的なのが「イッた、イッたオバさん」と「わかった、わかったお姉さん」です。「なるほどオバアさん」、その逆の「わかんないお姉さん」、「クセになっちゃうオバアさん」なんかもいました。「イッた、イッたオバさん」は、奥を突くたびに「あー、イッた、イッた」「あー、イッたよ」とずっとしゃべり続けていました。そして、「わかった、わかったお姉さん」は、すごく頭が良くて知的な女性でした。彼女の奥を突くたびに、彼女は「あー、わかった！」「わかったよ!!」と絶叫していました。なにかが「わかった」のでしょう。

　あと、何をされてもずっと「無言」を貫き通す女性もいました。あまりに反応がないので、最初は僕も「全然気持ちよくないのかな？」と不安になりました。でも、話を聞いてみると、どうやら彼女は昔の男に自分の喘ぎ声を「変だ」と指摘されたらしく、それがトラウマになってセックス中に声が出せなくなってしまったそうです。

　人は声を出すと、ストレスが発散されますし、セックス中の声は自分も相手も興奮につながります。**声を出すセックスと出さないセックスとでは感じ方が違います。**なので、男性も女性も気にせず大いに声を出していただきたいです（声を出してはいけないシチュエーションというのもありますが）。

　続いて、セックス中に「壊れちゃう」（もしくは「やめて」）と言う女

030 **Lesson 2** オーガズムとは?

性がいますが、この言葉が飛び出してきた時は、男性は女性の「何が壊れちゃうのか」を冷静に見極めなければなりません。考えられるのは2通り。

ひとつ目は、物理的にどこかに痛みを感じているため、「身体自体が壊れてしまいそう（だからやめて）」というもの。その場合は、男性は行為を緩めるなりやめるなりして、痛みを取り除いてあげましょう。

続いては、精神的な「壊れちゃう」の場合。これは、自分の意識や人格がすべて吹っ飛んで、本来の自分の姿をさらけ出してしまう状態。自分の人格が保てなくなるぐらい彼女が快感を感じているということなので、様子を見つつどんどん先へ突き進んでいきましょう。

重要なのが、この違いの見極めです。セックスはコミュニケーションなので、本来ならペニスで「どちらの壊れちゃう（やめて）なのか」を見極めるべきものだと思うのですが、難しいという人は、相手の声のトーンで見極めましょう。

あと、たまに「出ちゃう」と言う人もいますが、これは「お漏らしをしてしまいそうだ」ということ。Gスポットを刺激されているので、潮吹きのようにお漏らししてしまうと身体が誤認しているのです。集中力が途切れるようでしたら、トイレに行くなりして、膀胱を楽にしてあげましょう。

あと、女性はよく「イッたフリ」をすることがあります。これは、自分は集中力が切れて終わりにしたいのに、相手がイカそうと躍起になっているので、「私がイッたフリをしないと終わらないぞ」と空気を読んでくれたり、男のくだらぬプライドを傷つけないためなど、ケースはいろいろです。

男性は女性の「イク」という言葉に興奮するので、男性の感情を

奮い立たせるためや、終わりをむかえるための演出という意味では、意味があるのかもしれません。そうした女性側の気遣いもあるのでしかたがないのですが、この状態が続いてしまうと、女性にとっても男性にとっても負担が増えてしまいます。女性に気を遣わせてしまう男に非がありますよね。

女性は、自分がイクまで行為をやめてくれないと感じた時、自分の身を守るために「イッた」と言うケースが多いです。

付き合いたてなど最初のうちは「ウソイキ」をしてもいいとは思いますが、そんな状態が続くと付き合いに疲れてしまいますので、徐々に「本当に自分がイケる状況」に寄せていきましょう。

また、男性も女性の「イク」という言葉が聞きたいからといって無理はせず、相手の満足度を読み取りながらセックスをおこないましょう。そうでないと、お互いにフラストレーションが溜まり、そんなセックスにはいつか疲れちゃいますから。

女性の「イッたフリ」は男性への気遣いと、自分の身を守るためのものと男は知るべし。

しみペディア

AVのパッケージ写真で女優さんたちの口の形が「い」「う」「え」「お」の口の形になっているものは、中身が充実している可能性が高いです。「AVでハズレをひかないための法則」としても憶えておいてください。

セックス中の会話は短く「5文字以内」で

　僕自身、セックス中の会話はなるべく5文字以内と決めています。**「どう？」「ここ？」「きもちいい？」「だいじょぶ？」**などなどです。

　なぜ5文字までの言葉しか使わないようにしているのか？

　セックス中はお互い快感と興奮で平常時とはまったく違う状態になっています。そんななか会話を理解しようとすると、頭を使わなければならないので、どうしても素に戻ってしまったり理解できなかったりします。なので、興奮状態を保ったまま会話ができる限界の文字数が5文字なんじゃないかと僕は考えています。

　以前から僕は「セックス中、人はいい意味でアホになる」と感じていたので、セックス中に相手にいろいろと質問をぶつけていたことがあります。ある女優さんに「好きな家具は？」と聞いたら「椅子！」と答えたんです。多分、思い浮かんだなかで一番ポピュラーで短い単語を選んだんでしょう。そして、別の女優さんに「オーストラリアの首都は？」と聞いたところ「アメリカ！」、「じゃあ日本の首相は？」「オバマ！」と答えていました。そこまで(いい意味で)人をアホにさせるセックスの快感はすごい！

セックスに集中するためにも、相手に頭を使わせないようにしましょう。

賢者タイムは無視できる!?

　男性と女性のオーガズムで大きく違う点としてもうひとつ挙げられるのが、「賢者タイム」です。

　男性が射精をすると、脳内でプロラクチンというホルモン物質が放出され、それまであった性欲が根こそぎ持って行かれるような状態になります。これが俗に言う「賢者タイム」で、男性の場合ほぼ100％の確率で、オーガズムに達した直後にこの状態が訪れます。セックス中は「一晩中、抱いてやるぜ！」と息巻いていたのが、射精後、「ううぅ…」とヒヨってしまいます。

　この状態は、「パートナーの元にセックスの後も男性がいつくように」と、神様がつくったシステムなんじゃないかと思っています。もし、この賢者タイムがなければ、セックスをした後すぐにほかの女性とセックスをしたくなってしまうかもしれませんから。

　AV撮影では、1日に何度も射精しなければならないケースがあります。その際、射精後に性欲が落ち着いてしまう賢者タイムは、AV男優にとって大きな敵。

　そこで、「90分で連続15発した」伝説のAV男優のチョコボール向井さんに、「射精後、賢者タイムが訪れた時にはどうしているんですか？」と質問したことがあります。その時、向井さんは「そんなものは無視する」と仰っていました。無視する……その言葉の衝撃といったら……「無視できるものなのですか!?」と笑ってし

Lesson 2 オーガズムとは?

まいました。どうやったら無視できるのよ!? 教えてよ!(笑)……と思って男優を19年続けたら無視できる方法を見つけることができました。

男優は1日に何回も射精しなければなりません。そんな時は自分をマインドコントロールするんです。**まずは考え方として、「常に1発目である」という気持ちで臨むこと**。何回出していたとしても、「これは新たな1発である」という気持ちを常日頃、忘れないようにします。そうすると3発目だろうが10発目だろうが、前の発射を精神的に引きずらなくて済みます。次に「○発目がゴール」という明確な目標を立てること。男は満足した瞬間「賢者モード」がやってくることに気づきました。なので、「今日は3現場あるから3回出すまで満足しない」と強く思うのです。そうすると不思議と賢者モードをコントロールできるようになります。チョコさんが言っていたのはこういうことだったのかな?

また女性のなかには、とんでもないテクニックを持っていて、男性が賢者タイムに陥っていても、それを無視させてしまう方も稀にいます。僕は、そんなテクニシャンな女性のことを「賢者殺しさん」と呼んでいます。

「常に1発目である」
という気持ちで臨みましょう。

―― しみぺディア ――

なお、男性限定だと思われがちなこの「賢者タイム」ですが、僕の聞くところでは、女性も全体の3割から4割ほどが訪れるようです。

「イキやすい身体」の作り方❶
自分の身体を知りましょう

　僕のところに多く寄せられる悩みのひとつに、「セックスでイケない」というものがあります。セックスの本質を考えてみれば、気持ちが満足できればイクことにこだわる必要はないのですが、人は「自分が知らない世界を見てみたい」という好奇心を抱く生き物なので、まだオーガズムを感じたことがない人が「セックスでイッてみたい」と思うのは自然なことです。

　そこで、セックスでイケる身体を作るためにはどうしたらよいかを、少し紹介してみたいと思います。

　ひとつ目は、「自分の身体を知る」ということ。

　これはすごく簡単で、鏡の前で裸になり、自分の身体と対話してみましょう。身体の隅々をじっくりと眺めてみてください。どこに何がついていて、どこにどんな穴があるのか、とことんまで自分の身体と向き合ってみてください。

　次に、じっくり身体の隅々まで触ってみましょう。どこを触られると、自分はどう感じるのか。乳首、性器、首、足、背中……手が届く範囲すべてを触ってみてください。

　単に上から身体を触るだけでなく、膣に指を挿入してみてください。どんな形状をしているのか。どのくらいの角度が入りやすいのか。自分の身体の穴に指を突っ込むことには恐怖を感じるかもしれませんが、人間が怖いと感じるのは、「知らないから」です。その

Lesson 2 オーガズムとは?

正体がなんであるかを知れば、恐怖はなくなります。

また、過去にイヤなセックスをして、自分の身体やセックスに対してトラウマを感じている人の場合は、「アドラー心理学」についての本を読むと気が楽になるかもしれません。

とにかくここでやってほしいのは、「どこに触れると自分の身体はどう感じるのか」を知ることです。これは野球の練習でも同じこと。もしあなたが野球がうまくなりたいと思っていたとしても、ただバッドを闇雲に素振りしているだけではうまくなりません。「どうやったらボールにバットを当てることができるのか」「どうしたら遠くに飛ばすことができるのか」などを考えながら素振りをすることで、技術は上達していくものです。セックスも一緒です。どこを触ったら自分がどう感じるのか。それを自分で探していかないことには、イケる身体にはなりません。「探究心」が人を育てるのです。

「自分はどこを触られると気持ちがよいのか」「自分がイキやすいポイントはどこなのか」を探りながら触っていくことで、感じやすい身体を作ることができるのです。

これは男性の早漏や遅漏でも同じことです。自分はなぜ早漏・遅漏なのか。どうやって触るとすぐにイッてしまうのか、すぐにイキたい場合、持続させたい場合はどう触ればいいのか。そういうものを探っていくためにも、自分の身体を知ることが大切なのです。

調べたり眺めたりするだけではなく、
実際に自分の身体に触って確かめましょう。

「イキやすい身体」の作り方❷
オナニーをしましょう

2つ目は「オナニーをする」こと。

イクという感覚は、自転車と一緒で、一度コツさえ掴んでしまえば、その後はでき続ける。どうやればイクかがわかるんですね。

道具を使うとイキやすい。中と外、同時に触られるとイキやすい。こういう体勢をとるとイキやすい。あるいは、何かしらのシチュエーションがあるとイキやすい……など、オナニーはそういう意味でも、自分の「イク」という感覚を知る大切な機会です。

オナニーのやり方がわからないという人は、グーグルで「オナニー」「やり方」と打ち込めば1発です。人に聞いても千差万別なので、自分が自然体で興奮するものを探しましょう。

と言ってもなかなか快感ポイント見つけられない人のために、僕の経験則から「女性が感じやすいポイント」をいくつか羅列してみようと思います。

①唇　　　　　　　②耳
③首　　　　　　　④乳首
⑤背中　　　　　　⑥鼠径部
⑦クリトリス　　　⑧Gスポット
⑨ポルチオ　　　　⑩アナル

Lesson 2 オーガズムとは?

　そのなかでも、「イク」という感覚を得やすいのが、乳首、クリトリス、Gスポット、ポルチオの4つ。

　そして、女性がおこなうオナニーで、もっともポピュラーなのが、クリトリス刺激によるものでしょう。**クリトリスは、男女の身体のなかで唯一快感のみを司る、神が与えたもうた「やる気スイッチ」です。** これを押さない手はありません。

　男性のペニスに包茎とズルムケがいるように、クリトリスも皮がかぶっている人もいれば、むけている人もいます。それによって刺激の受け方も変わってくるので、まずは自分のクリトリスをじっくり鏡で見た後に、自分にあった触り方を探していきましょう。

　なお、僕自身がおすすめする女性のオナニーの方法は、「指でクリトリスを触りながら、乳首を触る」というもの。 足をピンと伸ばしたほうが、イキやすいという声が多いようです。

　続いてはGスポットです。これはみなさんご存じのとおり、ドイツの産婦人科医・グレフェンベルグによって発見されました。Gスポットの場所は目では確認できませんが、だいたい恥骨の裏側。膣口から3センチぐらいのところにあります。

　Gスポットを探す方法としては、仰向けに寝て、膣内の奥に一度指を挿入し、膣内の上側をなぞるようにして指をゆっくり

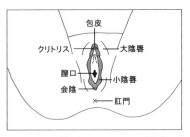

クリトリスは男性の亀頭と同じで、一番敏感な部分。皮をかぶっている場合もある。

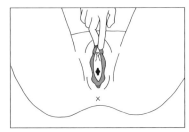

クリトリスは、上下左右から触ってみたり、正面から押してみたり、自分の気持ちいいと思う触り方を見つけましょう。

と手前に引いてください。行き止まったところ、ほかの部位とは違う質感で、**触ると気持ちがよくなる部位があるはずです。**ザラザラした感触だったり、形状が違ったりすることもありますが、人によっては感触ではわからない場合もあります。

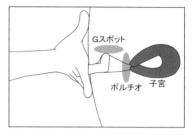

指を一番奥まで挿入し、指の腹を膣の上部に当てながら膣口に戻していく際、引っかかりがある部分がGスポット。

　AVなどでもお馴染みの「潮吹き」は、このGスポットを恥骨側に押して刺激することで発生する現象です（P99参照）。

　最後はポルチオ。これは、膣の奥の子宮口まわりにある部位です。しかし、セックス経験の浅い人はポルチオを刺激されると痛がる傾向にあります。その一方、出産を経験するとポルチオまわりが気持ちよくなる傾向にあります。ちゃんとした理由もあるのでしょうが、人生の大イベント「出産」を終えたママさんへの神様からのご褒美かつ、「また頑張ってね」というメッセージなのかもしれません。

　なお、女性がオナニーでポルチオでの快感を得るには経験がものを言います。膣内に指を入れるのは恐かったり、どう入れてよいものやらで気負ってしまいますよね。膣内はクリトリスと違い神経が鈍く、気持ちいいと思えるようになるまで時間がかかるようです。指よりもバイブを使ってみてはいかがでしょうか。

　バイブを挿入し、一緒にクリトリスを刺激することにより、脳が「膣内は気持ちいい」と思えるように暗示をかけてあげるのです。

　ちなみに、電マは「普通のマッサージ器」としてではなく、「女性をイカせる道具」として発明されたそうです。18世紀ごろのアメリカでは（イギリス説も）、宗教の影響で性に対してものすごく厳格な

Lesson 2　オーガズムとは?

時期があり、当時は夫婦間のセックスでも裸になることは禁じられていました。夫側はわざわざズボンの前のほうに穴をあけて、そこからペニスを出して挿入し即射精していたそうです。つまり前戯なんてものは全然ないし、声を上げることすら禁じられていました。そうなれば、当然女性側はフラストレーションが溜まりますよね。そうした女性たちを救済したのが、産婦人科医。彼らが夫の代わりに「治療」という名目で、指を使って彼女たちの欲求不満を解消してあげていたのだとか。しかも「治療」なので、声を出して感じることも問題ない。そうなると、欲求不満を抱えた女性たちが病院に列をなすことになります。でも、それだとさすがに産婦人科医たちの指も疲れてしまう。そこで開発されたのが、電マだったのだそう。つまり、厳格なキリスト教の存在こそが電マを生んだ、ということ。そして2016年、「TIME」誌が選ぶ「史上もっとも影響力のあったエロのガジェット」に、マッキントッシュとならび、「日立の電マ」が選出されました。

**オススメのオナニーは
「指でクリトリスを触りながら、乳首を触る」です。**

―― しみペディア ――

なお、海外でもGスポットは日本と同様、「G-spot」と呼ばれています。

「イキやすい身体」の作り方❸
イクための環境を整えましょう

　自分の身体がどういう作りになっていて、オナニーによってどうしたら自分がイクのか……がわかったら、いよいよ3つ目の「セックスでイキやすい環境を整える」というステップが待っています。**「オナニーではイケるのに、セックスではイケない」という男女（特に女性）は非常に多く、僕自身もこれまでに何度も質問を受けてきました。少なくとも100回以上同じ質問に答えているのではないでしょうか。**

　今の時点で言えるアドバイスは、セックスのパートナーに「自分がして欲しいことを伝え、自分からイキやすい方向へ寄せていく」というもの。

　女性がセックスでイクのに必要な3要素は、

①ムード
②女性のイキたいという気持ち
③男性の正確なテクニック

です。

　女性は、男性に「こうしたら私はイク」というリクエストをすることが重要です。

　クリトリスを刺激されるのが好きな女性ならば、セックス中に自

Lesson 2 オーガズムとは?

分でクリトリスを触る。もしくは、男性の手を自分のクリトリスへ導く……など、「自分がイキやすい状況」へ持っていくのです。

セックスでイケないという女性は、「人にイカセてもらおう」という他力本願な考え方を持っている人が非常に多いです。こういう考え方は10代で卒業しましょう。

相手が自分が気持ちよくなれるポイントを触ってくれないなら、自分で触ればいいし、なんなら相手に「触って」とお願いすればよいのです。それが「自分がイキやすいように寄せていく努力」です。

そこで、「自分が何かをお願いすることで、相手が気を悪くするかもしれない」という心配は無用です。それで気を悪くするような小さい男だからあなたをイカセられないんだ! ということで、そんな男はさっさと見切りをつけましょう。

とは言え、「伝え方」はとても大事ですので、「ここをこうされたら気持ちいい!」「もっと〇〇して」「イキそう!」などと伝えてみましょう。

恥ずかしがらずに、「こうしたら私はイク」というリクエストをしましょう。

―― しみペディア ――

身体が冷えている女性はイキにくいです。なので運動+お風呂などで内側から温めてから行うとイキやすくなります。

早漏でも遅漏でも、解決策はある

　早漏の男性の場合は、女性がイク前に自分が果ててしまう。遅漏の男性の場合は、女性は疲れているのに自分が射精するまでセックスを続けてしまう。

　どちらのケースでも、女性は男性の行為に合わせてしまいがち。なぜなら、男性がイケなかったら、女性は「私が悪いのかな」とプレッシャーを感じ、「相手がイケるように」と気を遣ってしまうからです。

　正直、僕からしたらこの問題は「別にイケなくても気持ちが満足すればよし！」という一言に集約されるのですが、「両方がイカないとイヤだ」という欲深い人たちのために、考えてみたいと思います。

　早漏の男性の場合は、解決策は非常に単純です。まず、自分がどのくらいの時間挿入しているとイッてしまうのかを把握しておきます。仮に自分が挿入後だいたい30秒前後でイッてしまうのであれば、相手の女性のゴール直前まで延々と前戯をし、最後の30秒に挿入をして帳尻を合わせればいいのです。そして挿入中も、イキそうになったらその3歩手前でペニスを止めて、落ち着くまで前戯をしたりして、テンションをつなぎましょう。**挿入だけで女性をイカせる必要はないんです。**

　遅漏の男性の場合は、相手の女性がイッてくれたらそこでセック

Lesson 2 オーガズムとは?

スを終わりにしてもいいと思います。自分自身が最後までイクことにこだわるのは、自分本位なセックスに過ぎません。「相手に喜んでほしい」という気持ちが先に来ている人は、決して相手の女性の身体に負担をかけてまで自分がイキたいとは思わないでしょう。

「相手に喜んでほしい」という気持ちを優先すれば、イケなくても満足度は上がります。

しみペディア

スクイーズ法、セマンズ法、スタート・ストップ法。名前だけ見るとカッコいいですが、いずれも早漏改善法の名前です。

Lesson 3

準備について

SHIMIKEN's BEST SEX

女性に嫌われる人、嫌われない人

　女性に好かれることは難しいかもしれませんが、**「女性に嫌われないようにすること」は比較的簡単です。**女性は男性を見た瞬間、「この人はOK」、「この人はダメ」と判断するそうです（メラビアンの法則）。

　100人の女性に「好みの男性のタイプは？」と聞くと100通りの答えが返ってくるのに対し、「嫌いな男性のタイプは？」と聞くと、だいたい3パターンに集約されると言います。ということは、逆にその3パターンに気をつけていれば、女性から嫌われずに済むわけです。そう考えるだけで可能性が広がりますよね。

　では、その3パターンとはどんなタイプでしょうか？

　答えは「不潔・不自然・ネガティブ」です。

①不潔

「不潔」とは…そのままですが、見た目が汚かったりニオイがしたりなどといった、不衛生な状態のこと。それは、さまざまなところで外見に表れます。

１）**まずは服装。**自作した「SEXインストラクターTシャツ」ばかり着ている僕が言うのもなんですが、安くてもよいのでヨレた

ら新しいものを。靴や靴下もです。

2）**次に髪の毛。**これも1000円カットでもいいので、毎月1回は行きたいものです。伸びていなくても、切ってから1か月経つと髪の毛を切った断面がヨレてくるんですね。

3）**ヒゲは生やすか剃るかで、その人の顔の印象がずいぶんと変わります。**うまく使えばオシャレアイテムになりますが、ヒゲが似合わない自覚がある人や、ただ惰性で伸ばしている人は、すぐに剃りましょう。そうでないと、不潔感があることはもちろん、クンニした時に「ヒゲが痛い」と言われてしまうし、老けて見えます。最近は男性の脱毛も非常に価格がお手ごろになってきているので、気になる人は行ってみてはどうでしょうか？

服装、髪型、ヒゲで、8割は解決します。

4）**忘れがちなのが、ツメの長さ。**自分の指を見てみましょう。どのくらい伸びていますか？　そのツメの長さは、女性に触れていない時間の長さに比例しています。切るだけではダメです。切りっぱなしにしてしまうと角ばってしまうので、爪やすりで面取りまでしましょう。自分のツメを指の先端から触ってみて、ツメが当たるようではまだまだです。なお、僕が使っている爪切りは、寛政4年創業の老舗「木屋」の爪切り。爪やすりは「ブラジェク」の140ミリです。

5）**パンツは、履き古してヨレヨレになっているようなものでは、女性のテンションも下がってしまいます。**高級なものでなくても

いいので、できるだけ新しいものを履くようにしましょう。

6）**続いて口臭**。歯磨きはみなさん毎日やっていることと思いますが、舌までちゃんと磨く人は少ないです。舌は放置しておくと口臭の原因になります。舌ブラシというものが140円ぐらいでドラッグストアに売っているので、歯ブラシを買う時にそちらも一緒に購入しましょう。あと、フリスクやガムなども携帯しておくと、いざという時に大変役に立ちます。

　セックスの前は、女性のテンションを上げることよりも、下げないようにすることが大切です。

②不自然

「不自然」とは、身の丈に合っていない見た目、服装、時計、車や、自慢話をしたがる男性を指します。

　どう見ても「怪しいことをしてお金を稼いだでしょ？」というような見た目や、ヒップホップ好きでもないのに首から金の鎖をじゃらじゃらしてたり。服装は身の丈にあったものを選びましょう。カッコつけるためだけにブランド品などにこだわるのは意味がありません。お金がないなら、安い服だっていいんです。清潔でシンプルな服を着ればいいじゃないですか。全身ブランドよりは、全身ユニクロのほうが好感が持てます。

　あと、気づきにくいのが「○○っていう店で寿司を食べちゃったよ」などといった食べ物関係の自慢や、「有名人の○○さんと仲が良いんですよ」という人脈関係の自慢。これらは自然でないかぎり女性に嫌われやすいので、気をつけましょう。

③ネガティブ

　ネガティブな人、マイナスオーラをまとった人は 100 メートル先から見てもわかります。これはマイナス志向が歩く姿勢に表れているからです。下を向いていたり、発言が後ろ向きな人、目を見て話せずボソボソしゃべるような人。

　AV の企画で童貞のナンパロケをしたことがありました。その童貞くんは、眼鏡で、下を向き、着てきた T シャツにはアニメのセリフが書き込まれていました。ナンパロケをはじめたものの、全然ひっかからない。女性にどこがダメなのかを聞くと、「自信なさげなオーラ」という意見が口裏を合わせたかのように出てきました。そこで、胸を張り、ハキハキ相手の目を見て話しかけさせたところ、ナンパの成功率がぐんと上がったのです。そして、アニメのセリフが書かれた T シャツは話のネタになり、プラスに働いたのです。

　ネガティブな人には女性は寄り付きません。カラ元気でもよいので、とにかく前向きな言葉を発するようにすると、人がどんどん寄ってきます。

　なお、この「ネガティブ発言は人をダメにする」ということを僕に教えてくれたのは、僕の「メンター四天王」のひとり、キング小沼さんです。キング小沼さんはボディビル業界のカリスマ的存在で、ボディビルをやっている人なら知らぬ人はないほど有名なお方です。

　ある日、僕がジムに行った時のこと。その日は寝不足気味で、なかなかトレーニングもはかどりません。普段なら 8 回は拳げられる 150 キロの重量が、その日は 4 回しか拳がりませんでした。僕は「今日は眠かったせいで、150 キロが 4 回しか拳がりませんでした」と小沼さんに伝えると、「なんで『眠たいのに 4 回 " も " 拳

げられた』って考えられないんだ。元気だったらもっとたくさん拳げられるってことだろう」という前向きな言葉をもらいました。人はネガティブな気分の時、何事にも言い訳をしてしまいがちです。

また、ある時、「疲れていて、ジムに行けません」という話をしたら、「心の疲れと体の疲れは違う。『疲れている』って感じるのは、心が疲れているだけ。筋肉痛とかがあるならば体が疲れているはずなので、しっかり休む。でも、特に筋肉痛とかがないのであれば心が疲れているだけ。心が疲れている時ほど筋肉を動かすと元気になる。だから体を動かしたほうがいい」と本当にありがたいお言葉を僕にかけてくれました。

小沼さんのエピソードはまだまだたくさんありますが、ここで僕が言いたかったことは、とにかく「ポジティブであれ」ということ。ポジティブであればあるほど、その人の周りには人が寄ってくるはずですから。

「清潔」「自然体」「ポジティブ」を心がけて、相手のテンションを下げないようにしましょう。

しみペディア

筋トレはすばらしい万能薬みたいなものです。男性ホルモンが放出され明るい性格になります。自分に自信がない方はぜひ筋トレをしてみてください。

男は視覚で興奮し、女は聴覚で興奮する

　あなたは、セックスをする時に部屋の電気はつけますか？　それとも、暗くしますか？

　相手の顔を見たいから電気はつけたままにしたいと思いつつも、「相手に自分の顔を見られるのが恥ずかしい」という気持ちから、電気を消そうかと悩む人も多いでしょう。

　さて、この問題についてぜひ憶えておいていただきたいのですが、「男性は見たがり、女性は聞きたがる」ということです。先ほども書きましたが、おそらくこれは、男性は物理的な刺激で興奮し、女性は脳の刺激に興奮するからではないでしょうか。

　セックス中、相手の女性が恥ずかしがるようなら、最初は暗めの照明にしたほうがいいでしょう。ただ、真っ暗にしてしまうと、視覚に頼りがちな男性としては少し不満があるはずです。女性は恥ずかしい気持ちが先行すると集中できなかったり、明るいと自分が見られたくない部分まで見られているという気持ちから、集中できないかもしれません。**僕がオススメするベストの明るさは「ろうそく3本分（3ルクス）」です。**

　また、女性の耳は、男性が思っている以上に敏感です。**耳を舐める、甘噛みをする、息を吹きかける。これらはかなり効果的。**女性は、自分の耳は思っている以上に感度が高いということを憶えておいてください。

Lesson 3　準備について

　あと、女性の聴覚を敏感にさせるため、目隠しプレイを試みるのも効果的です。ただ、少なくとも5回目以降のセックスからにしておきましょう。はじめてセックスする相手から「目隠しプレイをしよう」なんて誘われたら怖いですよね。1回目、2回目では、まだまだ女性は怖がるはずなので、回数を重ねて相手の信用を勝ち取ったら、スタートしてみるといいでしょう。

　照明は、デイライトよりもタングステンライトがオススメです。デイライトは、オフィスビルに入っているような白っぽいライトのこと。タングステンライトは、どちらかというと黄色っぽい暖かみのあるライトです。白っぽいライトより黄色っぽいライトのほうが人はリラックスできるので、自宅のライトはタングステンライトにしておきましょう。

相手をリラックスさせながら、セックスに集中できる環境を作りましょう。

しみペディア

性癖として「人に見られると興奮する」という女性も多く、そういう性癖を「エキシビジョニズム」と言います。

セックス前に風呂に入るか、入らないか論争

セックス前に風呂に入るかどうかで悩む人が多いと耳にしました。

僕自身は、ケースバイケース。

セックスでとても重要なのは「流れ」です。風呂に入るというアクションによって流れが乱され、テンションが途切れるぐらいだったら、入らないほうがいいと思います。

ただ、相手が風呂に入らないと本当に嫌がるのであれば、ちゃんと入ったほうがいいでしょう。シャワーだけでもいいと思います。

正直、僕自身は、女性が身体を洗っていない状態でセックスに挑んでくれるほうが興奮するので、できるだけ「身体は洗わないで！」と、「入らないほうがうれしいアピール」をします。なんなら、「恥ずかしがってる姿も興奮する！」とポジティブワードをかぶせます。僕は女性の体臭は愛すべきものだと思ってます。でも、本書の編集担当のMさん（男性）が「絶対にセックス前は風呂には入ったほうがいい」というので、この本では「ケースバイケース」ということにしておきます（笑）。

ケースバイケースですが、ニオイが気になって集中できないなら入りましょう。

コンプレックス克服法

　コンプレックスとは、自分が作り上げた敵である。

　人がなぜコンプレックスを持つのか。それは、誰かに嫌われたり、失敗した時に、言い訳ができるからだと僕は考えています。

　たとえば、「胸が小さい」「ペニスが小さい」「早漏である」「太っている」など、さまざまなコンプレックスを持つ人もいるでしょう。でもこれらのコンプレックスは、はたから見れば正直、本当にどうでもいいことです。それなのに自分のなかにコンプレックスを持っておこうとするのは、誰かに嫌われてしまった時にその原因をそこに押し付けてしまえるから、楽になれるんです。

　でも、人が誰かに嫌われる時にコンプレックスが原因になるケースはごく少数。**実際は、「コンプレックスのせいにして問題から逃げているその性格」が嫌われているのです。**

　セックスにおいても、コンプレックスはとても邪魔なもの。

　コンプレックスを持っている人は、常にそれを気にしてしまい、何かを気にしているとセックスに集中ができなくなるので、消化不良なセックスになりがちです。

　お仕事で美容脱毛についてのコメントを求められた時に知ったのですが、毛に対してコンプレックスがある人は、ムダ毛を気にしてセックスを楽しめない。でも、ムダ毛をキレイに処理したら、セックスに対して大胆になれたそうです。

コンプレックスに向き合って克服できればベストでしょう。でも、どうにもならないコンプレックスもあります。

コンプレックスというものは、見方を変えれば個性で、武器になる。映画『ジャッジ』に出てくる名ゼリフ「逆風も振り返れば追い風になる」ってやつですね。

先ほどのムダ毛のように、直せるコンプレックスはさっさと解決してしまったほうがよいでしょう。しかし、そのコンプレックスが自分では直せないものであれば、武器になるんだと自分に強く言い聞かせてみてください。

「胸が小さい」という悩み。

これは、豊胸手術でもしないかぎり、なかなか解決できる問題ではないでしょう（22歳までは大きく成長する可能性があるそうです）。でも、僕の経験則から言いますと、Ａカップ以下の小ぶりな胸を好む男性は結構います。少なく見積もっても20％はいる！　かくいう僕もそのうちのひとりです。

僕の知人女性で、18歳までＡカップで悩んでいて、高校を卒業したら突然大きくなりＧカップになった人がいます。多感な時期にペチャパイと巨乳を経験したわけですが、「ペチャパイのほうがなにかと楽だった。Ｂカップくらいがちょうどイイ」と言っていました。そうなんです！　「ない物ねだり」ということなのです。ちなみにこの女性、初潮も高校生の時だったそうなので、第二次性徴が遅れてきたんですね。

あと「太っているから、自分の裸に自信がない」という人もいると思います。

でも、ここで驚きの事実を。100キロ以上の女性は、普通の体型の女性に比べて幸せになる確率が高いように思います。幸せの価値観は人によって異なるとは思いますが、自分の体重を魅力に思え

た人は、「自分は幸せだ」とうれしそうに話をしてくれます。

体重３ケタというのは、本人が怠惰なだけではなかなかなりえません。そこには太るための才能が必要です。ある種、選ばれし存在なのです。

そして一方、「100キロ以上の異性を好む」という人は、世の中的に高名で地位が高い人が多いように思います。たとえば、代議士、弁護士、医師など、「先生」と呼ばれる職業の人たち。そういう立場ある人たちほど、３ケタ以上の体重や、特徴的な女性に興奮する傾向があります。僕がこれまで知り合った人のなかでは、先生と呼ばれる人でまともな人は誰ひとりいませんでした。全員もれなくヘンタイでした（もし読まれていたらスミマセン笑）。

つまり、３ケタ以上の体重を持つ人たちほど、「先生」と呼ばれるような職業を持つ人に好かれやすい。彼らは金銭的に恵まれていることが多く、３ケタ以上の体重を持つ人々は、食うに困らない人生を送れるわけです。とは言え、太りすぎは健康を害しますので気軽にすすめることはできませんが、武器にもなるという話です。

僕は「お金があるから幸せな人生が送れる」と言っているわけではありません。３ケタの女性に出会った先生たちも、「この貴重なチャンスは逃さない」と全力の愛を向けてくれるのです。いわゆる「ブルーオーシャン」というやつですね。まわりに３ケタ女性がなかなか現れないので、先生方も彼女たちを大切にしてくれます。

人によっては「肌が汚い」などと悩む女性も多いです。

でも、こちらもペチャパイや体重３ケタと同じことで、世の中には需要が大いにあります。僕を筆頭に、そうした肌を好む人はたくさんいます。

また「体臭」についても、悩む女性は多いのではないでしょうか。

ただ、これも僕の経験則ではありますが、女性の体臭が強ければ

強いほど喜ぶ男性もいます。体臭に関してはファンが多いです。

こんなことを言うと、「しみけんさんが特殊なんじゃないですか？」と言う人もいるかもしれません。でも、それぞれのコンプレックスを愛する人たちは確実にいます。

むしろ、「体臭が強いからイヤだ」とか「胸が小さいから嫌いだ」なんて言う男性とは、別れてしまいましょう。そんな理由であなたの元を去っていくような人は、いずれは別れる運命だったに違いありません。他人の個性を受け入れず、そのマイナス面ばかりを考えて、プラスに捉えられないような人は、ただのつまらない人です。明らかに人間力が足りません。マイナス（－）という字に、「人間力の棒」をひとつ加えてみてください。プラス（＋）になります。「辛い」に人間力の棒をひとつ加えると「幸せ」になるのと同じです。

また、コンプレックスを抱いている当人に対しても、言いたいことはあります。

「全員に好かれなくてもいいじゃん！」と。

ひとりでも自分の個性を愛してくれる人がいるなら、それでいいじゃないですか。コンプレックスを消すことで、全員に愛されようなんて思わなくていいんです。自分が誰からも好かれる人になるよりも、自分を好きになってくれる人を探せばいい。絶対にいますから。

**直せるコンプレックスはさっさと直しましょう。
直せないものは武器に変えましょう。**

男が服を脱がせる時に、
したほうがいいこと

男性に問います。

あなたは女性の服を脱がせる時、どうやっていますか？

興奮のあまり、雑に服を脱がせていませんか？

女性にとって下着も裸の一部です。内心は「あなたに見て欲しい」と思っているかもしれません。

もちろん、相手が生理中だったり、今日はもともとセックスするつもりがなくて準備が足りてない日であれば、気を遣って「彼女の下着を見ない」ということも必要ですが、それ以外の場合は、女性の下着も身体の一部として接するのがよいでしょう。

彼女は、「あなたとセックスするかもしれない」という思いから、キレイな下着をつけてきているかもしれません。**一言でも二言でもいいから、感想を述べると喜ばれると思います。**

また、おめかししてきた服を雑に脱がされて床に放置されるのと、大切に脱がされてさりげなく畳んで置いてもらえるのと、どちらが女性にとって後味のよいものになるでしょうか。

興奮と勢いでついつい忘れてしまいがちなことかもしれませんが、お互いがよほどの激情にかられていて、スピード感が大切な事態でもない限り、女性の服は大切に脱がせて、そっと畳んで、邪魔にならないところに置いてあげるべきです。**少し形を整えて、シワにならない場所に避難させるだけでいいんです。**ほんの２、３秒もあれ

ばできることですよね。

なお、服を脱がせるのに一番良いタイミングは、キスの最中です。

服を脱がせる時は、ついついお互い身体が離れてしまうので間ができてしまいがち。キスをしながら服を脱がせていけばその問題は解決されます。

服に手をかけて、ボタンをはずしたり、ファスナーをおろしたり、裾をたくし上げたりしている間にはキスを。Tシャツなど頭をくぐらせなければ脱げないタイプの服の時は、キスはできませんが、相手の身体の一部を触り、集中力を切らさないようにしましょう。

セックスが終わった後、丁寧に畳んである服と下着を見て、相手を大切にしていることが伝われば、「この人とまた会ってもいいかな」と思ってくれる一因になるかもしれません。

服を着たままのセックスが興奮するという人も多いので、それはそれで別のお楽しみとして試してみてください。

**相手が身につけているもの
すべてを大切に。**

しみペディア

日本人が下着（ズロース）をつけるようになったのは昭和7年。クリスマスツリーの豆電球から発生した白木屋（デパート）の火災がきっかけと言われています。

陰毛の処理は
どうするべき?

　世界三大美女のひとり・楊貴妃の陰毛は地面まで達していた。

　そんなトリビアをご存じでしょうか。本当かどうかはさておき、「陰毛の処理」については多くの女性から相談を受けます。

　はたして陰毛は処理するべきなのか、否か。

　僕は「自然体でいい」と思っています。自分が気になって処理したければすればいいし、相手が処理してほしいならすればいい。陰毛にはニオイをとじこめる効果があるので、ニオイ好きな僕としては、毛があればあるほど興奮してしまいます。

　ちなみに、陰毛の生え方でその人の性欲の強さがわかると言います。陰毛は男性ホルモン（性欲の源）が関係しているので、男性ホルモンが強い女性ほど、陰毛が縮れる傾向にあるようです。

　処理を考えているのであれば、Iラインの毛（大陰唇などの性器の周辺に生えている毛）**を処理してみてはいかがでしょうか。**Iラインに長い直毛が生えていると、挿入時にペニスがその毛を巻き込んでしまい、膣口が切れてしまうという現象も起こりかねません（俗に言う「蕎麦食い」）。よく、女性がセックス時に言う「アソコが痛い」「ヒリヒリする」「切れてしまった」などというトラブルは、この蕎麦食いが原因になっていることもあります。

　また最近ではレーザー脱毛が一般化し、値段が下がり、まったく毛がない "パイパン" の女性が増えています。仕事で女優さんのデ

ビュー作を担当することが多いのですが、昨日まで素人だった女の子のパンツを脱がしてみるとパイパンだった……というケースが非常に多くなりました。

パイパンのいいところは、クンニをする時にジョリジョリせず、舐め心地がいいこと。 そして、毛がなければ舐める範囲も広がります。あと、毛がないと舌や唇との接地面が大きくなり、女性側の感度も上がります。

「じゃあ、毛なんてないほうがいいんじゃないか」と思いがちですが、陰毛を好む男性も多く、パイパンに慣れていないと、「なんで毛がないの？」とツッコまれること受け合いです。

男性の場合、あまりにも毛が多くてモジャモジャしている……ということだったら、量自体を少なくするのはいいかもしれません。 毛が多すぎると、よく洗えなかったり陰部が蒸れやすくなってしまい、陰嚢炎やインキンタムシなどの原因になる可能性がありますし、女性にフェラをしてもらう時に相手の目や鼻に毛が入ってしまったりする事態も起こしかねません。

なお、剃る場合、必ずカミソリは清潔なものを使うようにしましょう。そうでないと、毛嚢炎になったり皮膚の病気を引き起こすことがあります。後処理も肝心で、ちゃんとクリームなどを塗って保湿しておかないとトラブルのもとになります。また、定期的に剃らないと生え際がチクチクしてしまうというデメリットがあります。

自然体でOKですが、パイパンだと舐め心地がよいというメリットも。

病気？ 体質？
気になるニオイの対処法

　人間には誰しも「体臭」というものがあります。

　僕は女性の体臭が大好きで、ニオイがキツければキツいほど興奮を覚えるタイプです。

　でも、僕のところに寄せられる相談のなかには「膣から魚の腐ったようなニオイがする（いわゆるアミン臭）」という相談も多く、性体験のある男女の体感値10％以上がこうした悩みを抱えているようです。

　でも、このニオイは性病ではありません。これは「細菌性膣炎」というもの。

　膣内は正常時は「デーデルライン桿菌（かんきん）」という乳酸菌によって、強い酸性に保たれています。ただ、手を洗わずに愛撫をしたり、クラブとか野外などで洗ってないペニスを挿入した場合や、ストレスや寝不足、無理なダイエット、膣の洗いすぎ、抗生物質を飲み過ぎた場合などには、「ガルドネラ菌」という菌や大腸菌、ブドウ球菌などの悪い菌が膣内に繁殖し、この現象を引き起こしてしまうのです。

　そして、この「細菌性膣炎」とともに発生する魚くさいニオイが「アミン臭」と呼ばれます。

　この疑いがある人は、産婦人科に行き膣内の状態を調べてもらい、原因菌を殺す「膣錠」を処方してもらいましょう。なお、この薬を

入れている間はセックスはしないほうがいいようです。なぜなら多くの膣錠はよい菌も悪い菌も殺してしまい、膣内の抵抗力が一時的に弱くなるからです。

　女性自身が気になる場合は、自分で産婦人科に行けば済むことですが、注意したいのが、女性側は気がついていない、もしくは気がついていてもほったらかしにしている場合です。そんな時、「お前、クサイから病院に行けよ！」と言うのは、女性を傷つけることになるので絶対にダメ！

「膣内の細菌バランスが崩れている可能性もあるから、病院で見てもらったら？」と、相手の身体を労るような優しい言い方を心がけましょう。

　この「細菌性膣炎」はクセになりやすいので、治ってもストレスを感じるとすぐに逆戻りしてしまいます。そのため、膣内に乳酸菌を入れるという対処法も有効だそうで、女性の膣用の乳酸菌カプセルなども販売されています。

　なお、女性のオリモノは膣内環境や性病を測るうえで、非常に重要な役目を果たします。ここで、これまで僕が見てきた個性的なオリモノたちをご紹介したいと思います。

- 緑色のオリモノ→淋病か大腸菌に膣がやられている疑いがあります。すぐに病院へ行きましょう。
- 黄色い膿のようなオリモノ→膣トリコモナス症の疑いがあります。すぐに病院へ行きましょう。
- 豆腐やカッテージチーズのようなオリモノ→膣カンジダ症の疑いがあります。早めに病院に行きましょう。

　これらはあくまで特徴であって、確実にその病気にかかってい

るかはわかりませんが、男女ともに知っておいて損はありません。「いつもと違う！」という異変を感じたら産婦人科に行って早めに対処を。症状を放っておくと取り返しのつかない惨事になる可能性もありますので、早めに医師の「知恵」を仰ぎましょう。

産婦人科に行って「特に異状がない」と言われたとしても、ニオイが気になってしまう人もいます。

その場合は、体質が関係している可能性が高いです。**人間の汗腺には、「アポクリン腺」と呼ばれる分泌腺があります。ワキガなどの症状を持っている人は、これがニオイの元になっています。**

もし、どうしても気になって仕方がないようであれば、様々な方法がありますが、その部分をレーザー除去すると、ニオイは相当緩和されます。

ただ僕としては、そのニオイごと愛してほしいと思います。むしろ、そのニオイください！

細菌バランスが崩れている場合もあるので、産婦人科で調べてもらいましょう。

―― しみペディア ――

僕はワキガのニオイの染みこんだ服を買い取り、調香師に「ワキガ臭と同じニオイの香水を作ってください」と頼みに行ったことがあります。結果、失敗しました。

Lesson 4

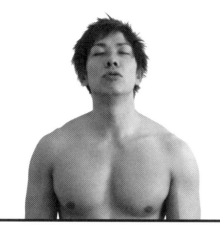

キスについて

SHIMIKEN's BEST SEX

キスでセックスの相性がわかる

唇は「第二の性器」とも言われます。

サルのお尻は赤いことで知られていますが、人類がまだサルだったころ、お尻の赤さで発情期を示していました。しかし、二足歩行になってお尻が見えなくなり、発情期がわかりにくくなったため、唇が赤くなったと言われています。唇を縦にしてみると、すごく女性器に似ていますよね。

あと、こんな研究結果もあって、女性が真っ赤な口紅をつけると、男性の目をひきやすいのだそうです。街を歩いている真っ赤な口紅をしているオシャレな女の子たちは、そのことを知ってか知らずか、口紅をしてるのかと思うと……興奮してしまいますね。もしかしたら人間の本能かもしれません。

人によっては「性行為はしてもいいけど、キスは好きな人としかしたくない」と言う人もいます。それだけ人はキスに思い入れがあるのです。キスをするだけで、その相手との相性がわかり、キスをしてイヤではない、もしくは予想以上だとなれば、その後のセックスはすばらしいものになるでしょう。

**キスを制する者は、セックスを制する
と覚えておきましょう。**

上手なキスをしたいなら、「唾液量」に注意

　知人女性が食事会で「好きな男性のタイプは？」と聞かれ、「キスの上手な人！」と答えていました。これは相当上手い答えだと思います。それを言われた男性は全員、「この子はどんなキスをするんだろう？」と考えたはず。この返答ひとつで、みんながその子に興味を示し、その場のイニシアティブをとったのは言うまでもありません。

**　では、「上手なキス」とはどういうものなのでしょうか？**
「さくらんぼの茎を舌だけでうまく結べる人は、キスが上手い」という説がありますが、あれはほぼガセです。なぜなら上手いキスの条件は、舌の器用さではなくて、「唾液の量」と「接地面の広さ」。そして、「キスの構成」で決まるからです。

　まずは唾液の量についてですが、ちょっと想像してみてください。朝、寝起きのままの乾いた口でするキスと、食事や飲みの席のあとでするキス、どっちが気持ちいいでしょうか？　後者ですよね。

　寝起きって、寝汗で体水分量が下がっていて、口の中はパッサパサでなんか気持ちわるい。そんな状態でキスをしても、なめらかなキスはできず、口のニオイも気になり、唇の先を合わせるバードキスがせいぜい。なので、キスをする時には、まず自分の口の中が十分に湿っているかどうか、唾液の量が重要なポイントになります。

　では、どうすれば体の中の、特に口の中の水分量を上げることが

068 Lesson 4 キスについて

できるでしょうか？

　僕がオススメするのは、このふたつです。

　①普段から水分をよく摂る
　②口をよく動かす

　セックスと水分は密接な関係にあります。キスのみならず、セックスの気持ちよさは、「体水分量」と呼ばれる体のなかに含まれる水分の量に比例しているとも言えます。

　気持ちがいいセックスをしたいのならば、みなさんが思っている以上に水分を摂ることが大切です。摂取するべき水分量は個人差がありますが、できれば1日3リットル以上は水分を摂ったほうがいいでしょう。

　そして単に水分と言っても、お茶やアルコールなどではなく、さ湯かスポーツドリンク系がよいでしょう。お茶にはカフェインが含まれており、利尿作用があるため水分補給には適しません。アルコールもしかりです。スポーツドリンクの甘さが気になる人はお湯で割ってみてはいかがでしょう。冷たいものは身体を冷やすので、なるべく体温以上のものをオススメします。

　次に、「口をよく動かす」というのは、口を動かすと唾液の量が増えるため。口を動かす方法として、ガムを噛むのは有効で、食後にガムを噛むと、唾液の成分が口のなかを清潔にし、消化を助ける作用もあります。

　また、普段であれば口が乾いた時には水を飲めばいいわけですが、キス中やセックス中はそういうわけにもいきません。**もしも口が乾いてしまった時、僕がやる緊急処置があります。**

　まず、歯と唇の間に舌を差し込み、そのまま歯をなぞるようにし

唾液を作る方法

①舌を上唇と前歯の間に差し込む。②前歯を舌でなぞりながら。③グルっと一回転。

て、歯茎にそってグルっと回します。イメージとしては、ステージ上で歌う前の美川憲一さん。また女性の場合は、歯に口紅がついてしまった時、舌先でその口紅を拭い取るようなイメージです。

この動作を何回か繰り返すと唾液が出てきますので、口のなかの乾きを抑えることができます。

これは、江戸時代、忍者が忍びの際に編み出した技だそうな。忍者は一度敵の城に忍び込んだら何日もの間、不眠不休でターゲットを狙います。その際、存在が敵にバレてしまう忍者もいます。その原因の多くが、なんと「口臭」だったのだそう。長時間の緊張状態によって口の中が乾いていき、その乾きが口臭を引き起こしてしまい、結果、敵に察知されてしまう。そこで忍者たちが、唾液を意図的に出してニオイを消すために編み出したのが、この方法だったというわけです。

口が乾いてしかたがない、キスのチャンスが突然やってきた、なんて時は、ぜひこの技を使ってみてください。

> たくさん水分を摂り、口をよく動かして、唾液を増やしましょう。

キスは「接地面」が多い ほどに快感が増す

　唾液の量を意識できたら、次に覚えておきたいのが「接地面」です。

　接地面というのは、相手の身体と自分の身体が接地する面積のこと。**僕の理論では、この接地面が広ければ広いほどに、つまり相手と自分の身体が密着する部分が多ければ多いほどに、気持ちよさは増すと考えています。**

　ですので、ためしに相手の唇、舌と接地する部分をできるだけ多くすることを意識してみてください。

　キスで接地面を広くするにはコツがあります。

　まず、できるだけ唇と舌の緊張を解いて、柔らかくしておくこと。尖って固くなった舌よりも、緊張をほぐして柔らかい舌のほうが、接地面が広くなります。なので、柔らかい舌のほうがキスには適していると言えます。

　また、顔と顔は真正面に向き合うのではなく、少しお互いの顔をずらした角度から。その状態で唇を重ねあうと、より接地面が広くなり、舌が絡めやすくなります。

**唇と舌の力を抜いて、
お互いの顔を少しずらしましょう。**

キスの種類と順序

次に大切なのが「キスの構成」です。

①バードキス

↓

②ちょっとディープキス

↓

③目を見つめ合う

↓

④ふたたびディープキス

↓

⑤抱擁しながら、ディープキス

いきなり最初からチュパチュパという音が聞こえるようなディープキスからはじめるのではなく、まずは唇と唇が触れ合うだけの、俗にいう「バードキス」からはじめましょう。

キスをしたら、最初はできるだけ動かさないほうがいいです。

キスをすると、相手の唇の形や感触、温度などさまざまな情報が伝わってきます。 そこから、お互いの唇の相性を知ることができます。

バードキスを2、3回繰り返した後には、いよいよ舌を絡めた

Lesson 4 キスについて

①唇を軽く合わせるバードキス。

②口を開け、舌を合わせるディープキス。ここでは深追いしない。

③顔を離して、見つめ合う。相手に受け入れられてるかの確認や、「愛してる」と伝える。

④ふたたびディープキス。舌を出して吸うなど、バリエーションをつけて。

⑤相手の身体を触ることを忘れずに。

ディープキスです。ここでは、先ほど説明した「唾液の量」「接地面」を意識してください。まずは、あまりディープにいかず「すぐやめるディープ」にしましょう。

そしてディープキスをしたら、一度離れてお互いの目を見つめ合う。ここで相手が自分を受け入れているのかを確認します。トロンと受け入れているような目をしていたら、激しく抱擁をしながら、再度ディープキスをします。

なお、この２回目以降のディープキスの時は、相手の身体を愛撫しながらおこなうようにしてください。

舌を吸ったり、レロンレロン（効果音でゴメンなさい）したりなどのバリエーションを取り入れるのもいいでしょう。

キスはついつい最初からガツガツしたくなりますが、その気持ち

は抑えつつ、次の展開をある程度想定していったほうが、気持ちいいキスができるはずです。

そのほか、「キスをしている時は目を閉じろ」と言われることもありますが、僕はこれはどちらでもよいと思っています。キスをしている時に、目を見つめ合うのも興奮するものですし、目を閉じている相手の顔を見て興奮することもあるでしょう。これはケースバイケースなので、相手や状況に合わせていろいろ試してみてはいかがでしょうか。

キスをしていても、ぎこちなさが抜けなかったり、唇の筋肉が柔らかくならずに堅い感じがすると思った時は、「顔ヨガ（体操）」をオススメします。僕がよくやってるものがあるので、参考にしてみてください。

顔の筋肉をほぐす顔ヨガ

①口を大きく下に広げ、白目になるくらい上を見る。

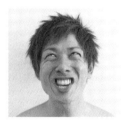
②口を横に広げ、アゴを突き出す。

③頬をふくらませ、目を大きく開ける。

次の展開を考えながら、
徐々にディープキスに移行しましょう。

MEMO

Lesson 5

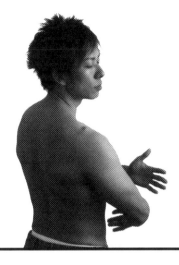

愛撫について

SHIMIKEN's BEST SEX

清潔第一！ 相手に触る前に注意するべきこと

　漢字を見ればわかるように、「愛撫」とは愛情を持って相手の身体を撫でることです。

　僕は、死と税務署とセックスは突然やってくるものだと思っています。なので愛撫の説明をする前に、突然訪れるかもしれないセックスのためにも、常日頃から準備をしておく必要があります。

　それは清潔を保つことです。

　どんなに「いいな」と思った相手といい雰囲気でセックスの流れになったとしても、不潔感や汚さを感じてしまうと、今までの気持ちは冷めてしまいませんか？

　特に女性は不潔であることを嫌います。最低限、服装、髪型、体臭、口、手、ペニスはきれいにしておきたいものです。ですので、以下のチェック項目は清潔に保ちましょう。

　①**まずは口。**相手に会う前は、食後の歯磨き・舌磨きはもちろん、リップクリームで唇を潤しておく。ガサガサの唇に誰がキスしたいと思いますか！

　②**手は、相手に触る前に石鹸でキレイに洗いましょう。**あなたの汚い手で相手を触ってしまったがゆえに、膣内バランスが変わったり尿道炎になったりしてしまうかもしれません。相手を大切に想う

のならば、このくらいの用意はしておきたいものです。

　③**ここでチェックしたいのが、ツメです。**あなたのいまのツメの長さはどうですか。男性のツメの長さは「女性の身体に触れていない時間」に比例します。３日に１回はツメを切って、しっかりヤスリをかけ、ハンドクリームを指先にすりこみ、ササクレのない「触られたい指先」を作りましょう。仮にセックスの予定がなかったとしても、指先がきれいだと「この人は自己管理がちゃんとできる人」という印象を周囲に与えます。ビジネスやプライベートでも役に立つはずです。

　あと、手がカサついている女性に対して「ハンドクリームありますよ」と言える男性って、ちょっとよくないですか？　僕は魅力的だと思います。それがきっかけで女性の手と触れ合えるかもしれませんし！

　さて、ここで、いつ訪れるかわからないセックスのために、常日頃から僕が持ち歩いているものを紹介します。ぜひポケットやバッグのなかに忍ばせておきましょう。

・コンドーム	・ティッシュ、ウエットティッシュ
・制汗スプレー	・ガム、フリスク
・歯ブラシ	・舌ブラシ
・ハンドクリーム	・リップクリーム
・ハンカチ	・ヘアゴム

　なかでも、ウエットティッシュは、飲み屋のトイレや車のなか、野外など、シャワーがない環境でセックスするうえでは欠かせない

必需品です。手マンをする前に手の汚れを拭い去る、フェラをしてもらう前にペニスを拭く、セックス終了後に女性に渡して股間や口を拭くためと、とても重宝します。欲を言うと、アルコールタイプとノンアルコールタイプを2つ持ち歩くと、アルコールは皮膚に、ノンアルコールは粘膜系に使い分けできます。

あと、ヘアゴム。これを男が持っていると1コ上のステージに上がれます(笑)。食事をする時などに「ヘアゴムあるよ」の一言で、「スゴイ！ なんで持ってるの？」と、「気遣いできる人」の印象を植えつけられるでしょう。「あったらいいな」と思うものを3手先読みして持ち合わせている人ってすごくないですか？

こういう細かいことの積み重ねで、相手も「あ、自分は大切にされているんだ」と思ってくれます。そして、「この人とだったらまたセックスしてもいいかも」と次のセックスに繋がるわけです。

ここまで読んで「それはやりすぎなんじゃないか」と思っている人がいるかもしれませんが、「普通のことをやっていたら、普通以下」です。こうしたちょっとした気遣いが今後のあなたの人生を大きく変えるでしょう。

死と税務署とセックスは突然やってくるので、常に準備しておきましょう。

しみペディア

用意周到さはビジネスシーンでも役立ちます。人に言われて動くのは三流。人に言われる前に動くのは二流。人の心を動かすことができるのが一流って話です。

愛撫の基本は身体に対して縦方向

最低限の準備が終わったら、愛撫の極意をお伝えしましょう。

まず基本は、「愛撫する時、身体のラインに対して、縦に撫でる（舐める）」です。

なぜ縦方向なのか。これには、身体の神経の走り方が大きく関わってきます。**人間の身体の中にある主要な神経は、たいてい縦方向に走っています。なので、その神経に沿って愛撫するほうが、より身体に強い感覚を与えることができると考えます。**

試しに、自分の腕を肘から手首にかけて触ってみてください。縦方向に触るのと、横方向に触るのでは、だいぶ感覚が違うはずです。

男性の場合、もっともわかりやすいのがオナニーの時の手の動き。たいていの人は上下に手を動かしますよね？　それと同じです。なので、女性の乳首やクリトリスを愛撫する時も、横舐めより縦舐めのほうが感じてもらえます。

僕は実際に縦舐めと横舐めをして、どっちが気持ちいいか統計をとりましたが、圧倒的に縦舐めでした。手で触る時も、舌で

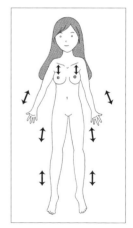

身体の神経は縦方向に通っているので、神経に沿った愛撫を心がけましょう。

舐める時も同様です。

　ただ、いかに縦舐めがよいからといって、ずっと同じ縦舐めの繰り返しでは飽きがきてしまいます。なので、時には横舐めも入れて、バリエーションをつけていきましょう。

身体の神経に沿って撫でると、気持ちよさが倍増します。

~~~ しみぺディア ~~~

「神経を逆撫でする」って言葉もありますもんね。

愛撫されている時も、手はおろそかにしない

セックスの最中、気をつけなければいけないのは、愛撫をされている側が「完全に受け身にならない」ということです。

愛撫されている側は、ついつい相手に身を委ねてしまい、ただ寝転がっているだけのマグロ状態になりがちです。**でも、愛撫を受けている最中にも相手の身体を触ったり舐めたりと、「相手に触れていること」が重要です。**

避けたいパターンは、目を閉じて、両手をブラリ、ああキモチイイ……と惰性をむさぼること。こういう怠けた生き物が水際に打ち上げられて、死にそうになっているのをよく見ます。愛撫されている時に手が遊んでいる男性はクズです。

とはいえ、攻められている時に、あっちをいじってみったり、こっちを触ってみったり……と忙しくするのはダメ。ほどよく触れているくらいを意識しましょう。

手を握る、触るなど、お互いが「相手の身体に触れていること」が重要です。

愛撫の時、大切なのは「芯をとらえる」ということ

　世の中には「芯」をとらえていない「雑な愛撫」をしている人が非常に多い！

　ラグビー日本代表として大活躍した五郎丸さんが、フリーキックについてこう言っていました。

　「上手なキックが蹴りたいと思ったら、最初に細かいことや難しいことを言う前に、芯をとらえる練習をしろ」と。

　スポーツ同様、セックスの愛撫でも「芯をとらえる」ということは非常に重要です。討論会や会議でも、芯の通ってない意見を言うのは、時間のムダです。何事においても「芯をとらえる」ことが大切なのだと、心しておきましょう。

　芯のとらえ方で大事なのは「相手と気持ちを通わせる」ということ。抽象的な話だと思うかもしれませんが、相手と気持ちが一致しないと、愛撫中に相手の芯をとらえることは難しいです。つまり、独りよがりな人は、なかなか芯を見つけにくいです。

　ここでいう「芯をとらえる」とは、相手の考えが自分の脳の中に伝わり、言葉がなくても会話ができるようになる状態のこと。なので、芯を見つける一番の方法は、相手とつながっているイメージをして、相手のリアクションをしっかり観察し、自分の考えを言葉以外の方法で伝えられる状態にすることです。

　わかりにくいかもしれませんが、これは意識して行えばできるよ

うになります。言葉で説明するよりも実践です。

ちなみに僕は、芯を見つけにいく際、数秒ですが目を閉じます。目を開けていると、どうしても視覚に頼ってしまいがちなので、目を閉じることで、その他の五感を活用し、相手の反応を探っていきます。1回芯が見つかったり、相手と神経がつながってしまえば目を開けましょう。イメージは「コンセントを差し込んで電気を流す」です。

人間には五感がありますが、そのうちセックス中にそれぞれの感覚を使う割合は、「触覚7割、視覚2割、聴覚・嗅覚・味覚合わせて1割」といったところです。

「え、味覚も使うの？」と思われるかもしれませんが、膣の味で女性の興奮度がわかります。通常、女性の膣内は酸性に保たれているので酸っぱいのですが、感じてくるとだんだん膣内からバルトリン腺液が漏れだしてアルカリ性になっていき、無味ないしは甘じょっぱくなっていきます。彼女の膣が甘じょっぱくなってきたら、それは感じてきた証拠なのです。

相手のリアクションを観察し、
「気持ちを通わせる」ことができれば、
「芯」は見つかります。

―― しみぺディア ――

ちなみに、ニューハーフさんの母乳は酸っぱかったです。

前戯の時には阿修羅のごとく四肢をフル活用!

　ムダがなく、丁寧で余裕があり、かつテクニカルな前戯。私たちはそんな前戯を目指していきたいものです。

　そのために僕が心がけていることのひとつは、「愛撫の際には常に3か所以上を同時に攻めている」というもの。

　おっぱいを舐めている時に、あなたの手はどこにありますか? もしかして、おっぱいを触っていませんか? クンニをしている時、あなたの両手はどこにありますか? 脚を広げたり、クリトリスの皮をむくために使ってませんか?

　乳首をいじりながら下半身や背中や首筋などをさすったり、違う部位を攻めていきましょう。1点攻めから2点攻め、2点攻めから3点攻めへ。両手や口を駆使したら、次は足やペニスも絡ませて、4点以上を同時に攻めていけたらもう達人の域!

　これは挿入時でも同じで、どこかしらを触って援護射撃しましょう。その間も、言葉で聞くのではなく、相手のリアクションや声から、「どこが気持ちいいのか?」を探り当てながら、阿修羅攻めしていくことをオススメします。

セックス中、手が遊んでいるのはもったいない!
どこかしら違う部位に触れていて。

"ミミトリス"と"クビトリス"

　性感帯には、物理的に「性感帯になる場所」と「性感帯にならない場所」があります。

　なぜ「物理的に」と言ったかというと、一般的には「快感神経がない場所は性感帯になりにくい」と考えられているからです。

　あるセックス本では「"くすぐったい"は"気持ちいい"には変わらない」とありましたが、僕は違うと思います。たしかに物理的に快感神経のないところは性感帯になりにくいですが、そこに"暗示"がかかると、性感帯になる可能性は秘めています。その際たるものが「コスプレ」「青カン」「言葉攻め」などの、物理的刺激がないのに興奮してしまうこと。つまり、「脳自体が興奮する」状態です。

　物理的刺激がなくても興奮するのならば、腋や膝の裏、背中などのくすぐったいと感じる部位で快感を得ることも十分にありえます。

　とはいえ、感覚神経が集まっているところとそうでもないところがあるので、感覚神経が多く存在する部分のほうがより快感を得やすい部位であると言えます。

　特に「隠れた性感帯」と言える部位が、耳や首です。僕は耳が感じやすい人の耳を「ミミ（耳）トリス」、首が感じやすい人の首を「クビ（首）トリス」という愛称をつけて呼んでいます。

　耳への愛撫のしかたは、「指で撫でる」「そっと語りかける」「吐息を吹く」「舐める」など。音がダイレクトに入ってくる分、効果

的です。ただし、いきなり唾液まみれになるのもイヤでしょうから、徐々に、で。**どんな愛撫でも共通するのですが、相手と神経がつながっていると「あ、今この愛撫はやめ時だな」という感覚が自然と襲ってきます。**

ミミトリス。優しく、ねっとりと。耳を塞ぐのも効果的。

女性へのクンニのやめ時も同様で、ずっとクンニを続けていくと「あ、今彼女がピークを超えて、集中力が切れたな」と感じる時があるんです。

この感覚は「クオリア」という感覚に近いです（わからなければググってください笑）。「そんなこ

クビトリス。舌を大きく出して、接地面を広く。

と言われてもわからない」という人もいるかもしれませんが、相手の考えていることをしっかり探っていけないようなセックスは、伸びしろがありません。

耳は優しく舐めるだけでも音がダイレクトに伝わるので、優しくねっとりいきましょう。首は、首筋に舌を縦に這わせて。

なおミミトリスとクビトリスを愛撫した後に、気になりがちなのが「唾液のニオイ」。乾いた唾液のニオイで相手に不快な思いをさせないためにも、さりげなく指で唾液を拭きとってあげましょう。

攻め方次第で、「くすぐったい」は「気持ちいい」に変わります。コレ、絶対！

女性の本当の性感帯は脳みそ!?

セックスは、必ずしも物理的な刺激だけで快感を得るものではありません。**シチュエーションや音、背徳感、幸福感などいろいろなものが交じり合い、快感を生み出していきます。**

人間が物理的刺激以外で快感を得ることができるのは、すべて脳みそのおかげ。脳みそがこれらの要素をすべて快感に転換してくれます。つまり、人間にとって一番の性感帯は"脳みそ"なのかもしれません。

それをふまえると、いつもと違う場所、たとえば屋外で愛撫することで「見つかったらどうしよう」というドキドキ感を味わわせたり、目隠しや耳を塞いでほかの感覚を鋭くさせたりすることも効果的です。

マンネリ化してきたカップルにとっては、シチュエーションや性感帯の開発でマンネリ打破の糸口を見つけましょう。

「脳への刺激」はマンネリ打破の糸口。

Lesson 5 愛撫について

乳房の触り方

　乳房はおおまかにわけると、乳腺と脂肪によってできていますので、乳首のように敏感に反応するわけではありません。そのため、胸の大きい人よりも小さい人のほうが感じやすいというのも、体積に対して神経の割合が多くなるから刺激も受けやすいためだと、頷けます（この話をすると巨乳女子が「そんなことない！　巨乳も感じやすいもん！」と言ってきますが、巨乳は感じないと言っているのではなく、小さい人のほうが感じやすい傾向にある、と言っているのです）。

　快感神経の発達やその時の気分、体調も関係してきます。エッチな気分になっていないとくすぐったいと感じてしまいますし、生理前だと張って痛い時もあります。同じ行為をしていても、感じ方が変わってきますので、やはりセックスはその時々の「順応力」が大切になってきます。

　触り方のコツは、手を軽く握る要領で手のひらがドームになるようにして、相手の身体に触れるか触れないかくらいの距離に手のひらを浮かせて、円を描きながら指の腹を当てていきます（手のひらタッチ）。

　そして、覚えておきたいのが、

スペンスの乳腺尾部を押さえながら、乳房や乳首を愛撫。

「スペンスの乳腺尾部」。これは「乳房のGスポット」と言われ、腋の下からヨコ乳と呼ばれる部分の斜め下ぐらいまでに伸びている乳腺です。ここを押さえながら、おっぱいや乳首を愛撫すると、女性の快感が上がると言われています。

　最近ではAVでも「スペンスの乳腺尾部モノ」という作品が出ています。どれだけ細分化するのでしょうか（笑）。

　ちなみに、おっぱいは自分で揉むと脂肪が分解されて小さくなります。好きな人に揉んでもらうと、エストロゲンが増加し、乳腺が発達するのでおっぱいは大きくなります。ペチャパイが悩みで自分で揉んでる方、逆ですよ！

乳房のGスポット「スペンスの乳腺尾部」を意識しましょう。

~~~~~ しみペディア ~~~~~

おっぱいとは「おなかいっぱい」という言葉の略という説があります。これはお母さんが赤ちゃんに「おなかいっぱい？」とたずねるのが赤ちゃんの耳には「おっぱい？」と聞こえるからだとか。

乳首を触る指は薬指がベスト!?

　乳首は、快感神経が数多く存在するため、乳房に比べると非常に感じやすい部位です。なかには、「性器を触られるよりも乳首のほうが感じる」という意見もあるほど。今回のこの著作の担当編集であるMさんは、「乳首はペニスを超えた性感帯である」と言い放ちました。そして、打ち合わせ中ずっと乳首論を唱えるほどのチクビニスト！

　さて、ここで気をつけるべきことは、乳首に触る際の力の強さと触り方です。

　女性は生理周期やホルモンバランスによって、乳首への感じ方が変わってきます。「前は強く触っても感じてくれたのに、今日は痛がられる」なんてことも往々にしてあるので、乳首を愛撫する時の力の強さは、相手の反応を見て変えていきましょう。

　次に触り方。

　指先でソフトタッチしたり押し込んだり、親指と人差し指で軽くつまんでコリコリしたり引っ張ったり、相手の反応を見ながら強弱をつけて触るのがポイントです。

　後ろから乳首を触る場合は、

後ろから触る時は、薬指を使って、乳首をすくい上げるように。

まず乳首をすくい上げるように、薬指を使ってタッチします。なぜなら、薬指は5本の指のなかで、一番力が入りにくい指だから。その力の抜け加減が乳首を刺激するにはちょうどいいので、ほどよい刺激を与えることができます。

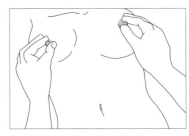
親指と人差し指の腹で乳首の側面をつまみ、こねる。

その後、親指と人差し指の腹で乳首の側面をつまみ、ペコっとこねます。その時の強さは「鼻くそをこねるぐらいの強さ」が望ましいと思います。

なお、自分の力の加減に自信がないという人は、女性に問いかけるのもアリです。「大丈夫？」「痛くない？」「強すぎない？」などと、声をかけてあげましょう。

両方の乳首を片手の親指と中指で収める「乳首クロー」もオススメです。乳首が感じる女性には喜ばれるでしょう。後に紹介する「しみクンニ」（P106）や「ロールスロイス」（P154）の時にも使える技です。

力を抜いて、「ほどよい刺激」を。

~~~~~ しみペディア ~~~~~

結婚指輪を薬指にするのは、力が一番入れづらく、とれにくいからだとも言われています。

乳首の舐め方

続いては、乳首の舐め方です。

僕の場合は、舌全体を使って、乳首を下から上へゆっくりと数回舐め上げます。その後「スペンスの乳腺尾部」を押えながら、舌先で乳首をレロレロと上下します。あとは、舌先で突っついたり、歯で軽く乳首を甘噛みして固定しつつ、舌で舐め上げます。口全体で乳房に吸い付き、舌先でレロレロと舐めるのも効果的です。

「乳首や乳房は心臓に向かって舐める（撫でる）といい」という説もあるようですが、僕自身はこれを実感したことはありません。

乳首には左右ありますが、大半の女性にはどちらか片方のほうが感覚が鋭いという「利き乳首」があります。感じるほうの乳首を探し当てておくと、のちのち「しみクンニ」をする時に活用できます。

乳首や乳房などのおっぱい

下から上、上から下にゆっくりと舐め上げる。

歯で乳首を軽く甘噛みしつつ、舌先でレロレロと舐める。

の愛撫をする時は、後半はこの「おっぱい攻め」だけではもの足りません。最初はおっぱいだけでもいいかもしれませんが、後半になったら、両手で身体の別の部位を撫でたり、膣を愛撫したりなど、合わせ技を使っていくようにしましょう。

口全体で乳房に吸い付き、舌先でレロレロと舐める。

また、ここでも唾液の量は重要です。乾いた口や舌で舐められるよりは、唾液があるほうが潤滑剤になって気持ちがいいです。

> 唾液を多めに、「下から上へ」「上から下へ」が基本ですが、単調にならないようにしましょう。

しみペディア

ちなみに、乳房の上部は「クーパー靭帯」という筋繊維で支えられていて、胸の形を維持するのに重要な組織。激しく刺激すると伸びたり切れたりしてしまうので注意！

男だって、みんなBBB！

　女性が男性に愛撫を行う際、乳首をないがしろにするのはもったいない。なぜなら、男だってみんなＢＢＢ。ビーチク敏感ボーイズです！

　男性が女性の乳首を刺激する時の方法は、「自分が乳首を攻められるならこうしてほしい」という理想の攻められ方でもあります。逆に、女性が男性に対して乳首を攻める時の方法が、その女性にとっての理想の攻められ方だったりします。なので、相手がどう攻めてきたかは非常に重要な情報が含まれています。**乳首をいっぱい舐める人は、その人も乳首を舐められるのが好きなんでしょう。**

　くすぐったいという人はまだ未開発なんです。僕は男優になってから先輩に「乳首は開発して武器にしたほうがいい」と言われ、触ってもらったりしながらセックスをするようにして開発しました。今でもセックスの最中にどうも元気がなくなってしまった時、左乳首に刺激を与えればすぐ復活する「復活のボタン」として活躍しています。

　未開発の方はぜひ開発してみてください。

相手の攻め方は、自分にしてほしいことの
鏡となっていることが多いです。

クリトリスの触り方

クリトリスは、人間の身体のなかで唯一快感を得るためだけに存在する部分です。

男性でいうところの、ペニスの先っぽ（亀頭）に当たる部分。ここを攻略できるかどうかが、その人のセックス力にかかわってきます。マンガ『ベルセルク』でいうところのドルドレイ。『ファーストガンダム』でいうところのア・バオア・クー。それがクリトリスです。まさに"性感帯の総本山"。「絶対攻略」が必要となります。

その総本山に、いきなり切り込むのは無粋というもの。まずは、直接クリトリスに触れるのではなく、クリトリスの周辺部分の大陰唇や恥丘を指で触ったり、舐めたりしてはどうでしょうか。

クリトリスの触り方は9パターン。指の腹の部分を使って、クリトリスの「皮の上から上下

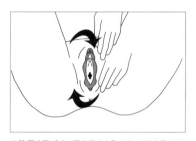
大陰唇や恥丘を、円を描くようにゆっくりと撫でる。

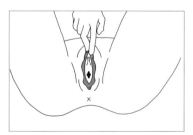
クリトリスを下から上に撫で上げたり、正面から押してクリクリしたり。

左右」、「皮をむいて上下左右」、「正面から押す」の９パターンです。相手の反応を見ながら強弱の調整をし、バリエーションを加えていきましょう。

クリトリスの大きさは女性によって差がありますが、大きなクリトリスを持っている人に遭遇した場合は、指コキをしてあげることもできるでしょう。

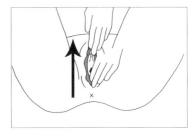

愛液を潤滑剤として使い、膣口の下（会陰）からクリトリスへ。

まずは大陰唇や恥丘など、周辺から攻め、クリトリスへの愛撫への期待感を高めましょう。

しみぺディア

一般的な女性のクリトリスのサイズは３ミリ前後ですが、エロい女性のクリトリスの大きさは５ミリほど。これ以上の大きさのクリトリスを持つ女性なら、ほぼ例外なくエロいはずです。

Gスポットの上手な攻め方

　Gスポットはクリトリス同様、女性が快感を得るうえでは欠かせない存在ですが、クリトリスとは違って体の内側にある部分ゆえ目視できず、場所を特定できない方も多いようです。

ここで、Gスポットの正しい見つけ方をご紹介します。

　まず、手のひらを上に向けて膣内に中指を挿入します。この時、「ちゃんと濡れているか」を確認したうえで挿入しましょう。ズボッと入れるのではなく、膣壁に沿ってゆっくり挿入していきましょう。

　そして、中指を奥まで差し込んだら、2秒ほど指の動きを停止しましょう。これは、膣の内側に指の形状を覚えさせるためです。膣に自分の指をフィットさせ、違和感をなくすことができます。

　その後は、女性のおへそ側に指を「く」の字に曲げ、ゆっくりと膣内の上部をなぞって手前に引いていきます。そして行き止まるところ、膣口から3〜4cmのところに、ほかの部分とは粘膜の質感や女性の感じ方が違う箇所があります。そこがGスポットです。

　Gスポットを刺激する時、よく指先を手前に引っぱって刺激する人がいますが、Gスポットはあくまで粘膜。あまりこすると擦過（さっか）を起こしてしまうので気をつけましょう。

**　僕がGスポットを刺激する時は、上（恥骨側）、手前（クリトリス側）方向に指先で押すだけ。できるだけ指先は動かさないのがポイント**

Lesson 5 愛撫について

です。いったんGスポットの位置をつかんだら、絶対に支点をずらしてはいけません。指をトントントンと押すように動かしていきましょう。

指をうまく動かせているかどうか、確かめる方法があります。愛撫する手の逆の手のひらの真ん中に「×」印を描いてください。その「×」印をGスポットに見立てて指を動かしてみてください。上手な人は支点を動かさないので指先がこすれず「×」が消えません。下手な人は支点が動いてしまうので「×」が消えてしまいます。

そのほか、指の力の強さやベクトルを調整することで、刺激に緩急をつけるようにします。相手の感じ方を見て、上（恥骨側）に押すのか、それともクリトリス側に押すのかなどを変えていくのがよいでしょう。

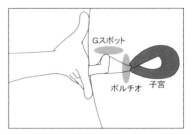
まずは中指1本で。Gスポットの位置を見つけたら、支点をずらさないで。

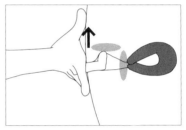
指を出し入れせずに、そっと恥骨のほうへ押す。

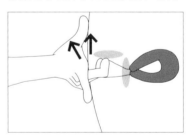
薬指も入れ、2本で。手首、肘は固定して、反応を見ながら恥骨側に押したり、クリトリス側に押したり。

ポイントを見つけたら、指先でこすらず、支点をずらさず、上、手前方向に押すだけです。

潮吹きに必要なのは
アイドリングと体水分量

　AVでよく登場する「潮吹き」は、Gスポットへの刺激によるものです。
「潮を吹かせたい！」という男性も多いですが、はっきり言ってそれは男性の自己満足。
「潮吹き＝イク」ではありません。 それに、潮吹きによって女性の身体を傷つけてしまうケースもあるので、正直、実践するのはオススメしません。でも「どうしても吹かせたい（吹いてみたい）！」という強い願望を持つみなさんのために、後ろめたい気持ちになりつつも、こっそりとお教えします。
　まず、潮を吹かせるうえで大切な要素は2つ。**「女性がリラックスできていること」**と**「女性の体水分量」**です。
　人間は緊張すると筋肉がこわばり、喉が乾いてしまいます。だから、女性をリラックスさせて、身体の筋肉をゆるめてあげる前戯が必要になってきます。たっぷり前戯をした後の潮吹きと、しないでの潮吹きでは、吹き方が違います。
　そして、潮を吹くためには多めの水分を摂っておくことが不可欠です。
　AVの撮影でも、女優さんに潮を吹いてもらう場合は、事前に水分をたくさん摂ってもらっています。
　なお、99％の女性が潮を吹くことが可能ですが、その日の体調

や環境、シチュエーションによって、吹く吹かないがあります。特に朝、起きたばかりのタイミングなどは筋肉がまだ固まっていますし、長時間水分を摂ってないので喉も膣もカラカラです。

また、体質的に「吹きやすい女性」と「吹きにくい女性」がいます。

肌がもちもちしていて、色黒。お尻の割れ目が浅くて、膣が奥まってない。体が柔らかくて運動経験がある女性は「潮を吹きやすい」傾向にあります。

また反対に、股関節が硬くて、お尻の溝が深くて膣が奥まった場所にある女性は「潮を吹きにくい」傾向にあります。

ここからは、潮吹きのテクニックについて紹介していきます。

まずはレジェンド男優の加藤鷹さんが広めた「加藤式」。これは、人差し指と中指を使って、手前にかき出すように刺激するもので、潮が非常によく飛び、見た目のインパクトが強いです。しかし、上手にやらないと女性の身体に負担がかかり、膣を傷めることもあるので、僕はあまりオススメしません。

もうひとつは、中指と薬指で潮を吹かせるオーソドックスな「キツネ式」。これは簡単なうえ、女性の快感度も高いです。また、女性の身体への負担も、そこまで高くありません。

ここではオーソドックスな「キツネ式」のやり方について説明します。

①中指と薬指を膣に挿入したら、「く」の字に曲げ、指先をGスポットに押し当てます。この時の指の角度は90度、つまり直角になるように意識しましょう。くれぐれも指先の支点をずらしたり、手前にひっかけようとしないように注意してください。

②その一方で、挿入していない人差し指と小指を、お尻の方向へ持って行きます。影絵の「キツネ」のような形ですね。この2本の

指をお尻に当てることで、Gスポットに当たっている中指と薬指が固定されるとともに、テコの原理が働き、小さな力で大きく吹かすことができます。

③手首や指、そして肘から先は固定して動かさないようにしましょう。

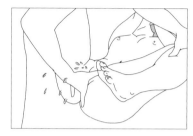

「キツネ式」。指、手首、肘から先は固定して、腕を自分の腹のほうへ動かす。トントンとあくまで軽く。

④この体勢から肘を後ろに引くようなイメージで角度を90度に保ったら、腕を自分のお腹のほうに引くように動かします。指のベクトルは相手のお腹へ向けトントンと押すだけで、大半の女性は潮を吹きます。

なお、吹きやすい体勢としては、女性に立ってもらう状態が一番やりやすく、ほかには仰向けで足をM字開脚してもらう体勢が望ましいでしょう。逆にバックは吹きづらい傾向にあります。

「潮吹き=イク」ではないので、男性の自己満足だと心得ましょう。

しみペディア

中指と薬指にこだわらなくても、5本の指のうち長い2本を使うとよい、という説もあります。

MEMO

Lesson 6

クンニについて

SHIMIKEN's BEST SEX

クンニはペロン ではなくテロンと

クリトリスへの愛撫は、触るよりも「舐める」ほうが効果的です。

クリトリスを舐める時は、乳首と一緒で下から上、上から下の縦舐めで。舌とクリトリスの接地面を大きくしたうえで、「テロン」と舐めあげましょう。「ペロン」ではなく「テロン」です。「ペロン」だと舐めているような感じですが、「テロン」は少し弾くような感じだと覚えておいてください。

「テロン」の出発点は、膣口の下側あたりから攻めるのがいいです。なぜ、膣口の上についているクリトリスを、わざわざ下から舐め上げるのか。それは、女性の愛液（バルトリン腺液）を利用できるからです。

さて、女性から「これ以上は舐めないで！」というクオリアを感じたら、次はクリトリスを軽く吸い、舌で上下にレロレロと舐め上げましょう。

なお、クリトリスも男性のペニス同様、皮をかぶって隠れていることが多いので、前歯で皮を剥き、出てきたクリトリスを優しく吸って、上下に舐めましょう。クリトリスの包皮を剥く時は、決して噛んでしまわないように。イメージとしては、小粒の皮付きのブドウを歯で剥き、中身を吸い出すような感じです。

剥き出しになったクリトリスを口内で隙間なく吸い込み、吸引しながらクリトリスを舌で上下左右に愛撫しましょう。このテクニッ

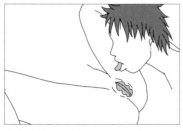
①唾液を含ませて、膣口のまわりに舌を這わせる。

②膣口の下からクリトリスまで一気に舐め上げる。

③クリトリスを「テロン」と弾くように舐める。

④唇でクリトリスを軽く吸いながら、舌で上下左右に舐める。

クを僕は「口のなかでダイソン」と呼んでいます。吸引力が違うんです！

**基本は縦舐めで、
少し弾くようなイメージで攻めましょう。**

しみペディア

クンニでその女性の生活習慣がわかります。フェラで生い立ちが、立ちバックで運動神経が、騎乗位で性への貪欲さが、精子の味で生活習慣が、後戯で相手への愛情がわかります。

最終奥義「しみクンニ」！

　いよいよ最終奥義「しみクンニ」をご紹介します。

　僕が発明した「しみクンニ」ですが、実践した日本中の男女たちから感謝の手紙が絶えません。知っているのと知らないのとでは、人生の楽しさが何倍も違います。

　また、この「しみクンニ」の噂を聞いた女性たちの多くは、これを味わいたがります。そして実際にしてみると、みんな口をそろえて「なるほど、なるほど〜」と絶叫していただけます。

　その実態は、手マンとクンニを合体させたテクニック。手マンとクンニ、どちらも気持ちがいいものなので、合体させたらその気持ちよさは何倍にもなります。

　①まず、クリトリスを P104 の方法で愛撫したまま、指を1本挿入します。

　②膣の奥まで挿入したら、P97 で紹介した方法でGスポットを探し出し、中指を押し当てます。この時も、下手に指は動かさず、支点を固定すること。指の出し入れはせず、刺激する時はそっと指の腹で恥骨のほうへ押すだけで OK です。

　③左手はしっかり乳首をコリコリと刺激しましょう。

　④内側から指でGスポットを刺激したら、今度は外側から唇と舌の縦舐めでクンニして、クリトリスを挟み撃ちにします。

　⑤中にいれた中指に膣が慣れてきたら、今度は薬指も膣へ挿入し、

指を2本に。なお、この時に、膣口の下側が切れてしまわないように、お腹側に指を這わせるように挿入していきましょう。

⑥そのあとは、隙間なくクリトリスを舌で覆って、上下運動します（「口のなかでダイソン」）。

クリトリスを隙間なく舌で覆いながら舐めるのがポイント。

つまり、口ではクリトリスを接地面多めに吸いながら覆い尽くし、右手の中指と薬指でGスポットを押しながら刺激。そして左手では乳首をコリコリする。この3点セットが、しみクンニです。

セックスのハウツー本などで、「女性器は舌で刺激するよりも、指で愛撫されるほうが気持ちがよい」と書いてあるのを目にしたことがありますが、これは本当に気持ちのよいクンニを体験していないからと言えましょう。

男性はこの技を習得して、ぜひ女性に最高の快感を与えてください。しみクンニをマスターしたら、セックスが変わります。セックスが変われば、あなたの人生もきっと変わるはずです。

> **クリトリス、Gスポット、乳首の3点攻めで、あなたの人生も変わります。**

しみペディア

クンニをしない男は信用してはいけません。そして、NOクンニ男に話が面白い人を見たことがありません。

ペニスグリップ・オブ・マーマン

クンニの際にぜひ試していただきたい体位が、「ペニスグリップ・オブ・マーマン」です。

男の人魚（マーマン）のような形でクンニをしながら、相手にペニスを握らせるというもの。

女性に男性器を握ってもらうのは、「これからこのペニスが入ってくるんだ……」という期待感を煽るためです。 クンニにより女性に物理的な快感を与えると同時に、女性に想像させることにより挿入への欲求を高め、精神的な快感をもたらすことができます。

そして、この体位からシックスナインやしみクンニに移行するというパターンもあります。

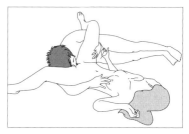

クンニをしながら、指でGスポットを刺激するのも効果的。

女性にペニスを握ってもらうことで、挿入への欲求を高めましょう。

Lesson 7

フェラチオについて

SHIMIKEN's BEST SEX

パンツを脱がせる前に

　女性が男性を攻める際、ちょっとしたテクニックで快感が上がる方法があります。

　ペニスを手で直接触る前、パンツの上から男性器をさすります。その時に、ペニスの竿や亀頭の部分だけを触るのではなく、会陰部分、つまり「蟻の戸渡り」と言われる肛門と睾丸の間の部分までさすってみてください。この部分を触られると、「うわ、この子エロいぁ」と大半の男性は思います。実際、ここを触られると非常に気持ちがよいです。

　というのも、そもそもペニスの4分の1ぐらいは身体のなかに埋まっていて、外に出ていて僕らが目で見ているのは全体の4分の3ほどです。ペニスの4分の1が蟻の戸渡りの近くに埋まっているわけですね。

　ここを触られると、ペニスの逆の先端部分を触られているわけなので、気持ちいいのです。ちなみに勃起をすると、この戸渡り部分、ペニスの埋もれているところも膨れて硬くなります。

「蟻の戸渡り」にはペニスの反対側が埋まっているので、ぜひ触ってください。

手コキは、
指5本をフル活用！

みなさんは手コキを行う際、どの指を使っていますか？

手コキはズバリ、指を5本フルに使って攻めたほうが気持ちいいです。

そしてグリップの強さも重要です。ここぞとばかりにペニスを締め上げてくる人もいますが（けっこういます）、強ければよいというわけではありません。

人によって好きな強さはさまざまなので、握りながら相手のリアクションを見て、「これくらい？」などと聞いてみるのもいいでしょう。セックスはコミュニケーションです。

そして重要なのが、手の向きです。男性のペニスは表側を触られるほうが気持ちがよいです。「裏筋のほうが気持ちいい」と思っている人も多いですが、理論的には快感神経の数からも表側のほうが気持ちいい。なので、指4本が表側に、そして親指が裏筋側に当たるように添えましょう。

なお、僕が「この子は手コキが上手いなぁ」と思う女性の共通点は、手コキをしている手とは反対の手が遊んでいないこと。手コキは両手でやっても気持ちよさが上がるわけではありません。右手でペニスを掴んでいるのであれば、左手は睾丸や蟻の戸渡り、乳首を触るなどして、両手をフル活用しましょう。

手コキの気持ちよさは、潤滑剤となる唾液の量に比例します。滑

りがよくなるように、唾液をたっぷりと使いましょう。

ちなみに、手コキでもフェラチオでも、上手な人の場合「クワックワッ」とガチョウの鳴き声のような音が聞こえます。接地面が多くて密着度が高く、空気の気泡が破裂するような動きをするので、こんな音が聞こえるのだと思います（気になる方はAVの手コキモノを参照ください）。

また、基本的に女性にペニスを触ってもらうのは気持ちがいいものなのですが、触り方次第では逆に痛みを感じることもあります。

そこで、男性に痛みを与えてしまう「やっちゃダメ！」という手コキを紹介します。

まずは、圧倒的に滑りが少なくて、摩擦が大きい手コキです。女性のなかには、とにかくペニスを強く握り、早くこすれば男性は気持ちいいだろうと思っている人がけっこういます。

皮を剥き過ぎると、同時に裏筋も巨大マグロを釣った釣り竿のように引っ張られてしまい、強い痛みが生じます。こういう時は、フルで下まで皮を引っ張ろうとせずに、ちょっと皮が下でたわむくらいの位置でストップしてください。皮があまっていない人にも同様です。下まで引っ張り過ぎないこと。

次に睾丸の扱い方。男性はたいてい睾丸を舐められるのが好

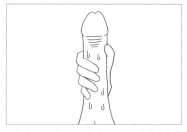
唾液をたっぷりつけ、指とペニスの密着度を高く。下に引っ張りすぎると裏筋も引っ張られてしまうので注意。

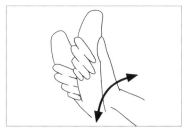
「気持ちよい角度」は男性によって違うので、触りながらベストの角度を探る。

きですが、よく睾丸を口にふくみ、ここぞとばかりに引っ張り上げる方がいます。これは痛いだけです。男の急所ですから、口にふくむと「おや？」という気持ちになり、「引っ張られるのでは？」と恐怖心が芽生えてきます。

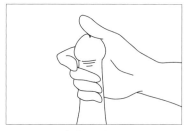
ペニスを握りながら亀頭や裏筋を親指で愛撫する方法も。

これはすべての行為について言えるのですが、「なぜこれが気持ちがよいのか」「なんで気持ちがよくないのか」について、原因と結果をしっかりと考えていくことが重要です。すべての気持ちいいことには理由があります。

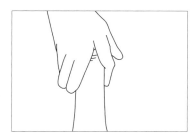
逆手にして人差し指と中指の間を通す「フォークボール型」。バリエーションとして取り入れてみてください。

「彼に言われたからその通りにやってみた」、「なんとなくこういう動きがよさそうだからしてみた」などと、理由なくやっている状態では、いつまでたっても上手くはなりません。「考えて行うセックス」が技術向上につながります。

痛みを与えないよう気をつけながら、「これくらい？」、「強すぎる？」と確認しましょう。

Lesson 7 フェラチオについて

フェラチオでは、「唾液の量」「接地面」「両手」に注意！

気持ちがいいフェラチオをするために、大切な要素はなんでしょうか。

まず、一番大切なのは「唾液の量」です。 これまでにも紹介してきたように、パサパサの唇や舌でフェラチオをされても、男性は全然気持よくありません。唾液たっぷりの状態でペニスを口に含むと潤滑剤になってくれるので、女性も疲れることなく、男性も気持ちよくなれます。

唾液の量を増やすには、普段から水分をたくさん摂ること（P67参照）。また、ガムを噛むことも有効で、噛むことで唾液の分泌がうながされます。

「接地面」に関しては、繰り返しになりますが、触れ合っている部分が多ければ多いほど、快感は増していきます。**唇と舌を柔らかくして、亀頭や裏筋を覆い、接地面を多く取りましょう。**

そして、両手を遊ばせないように！ **片手はペニスや睾丸を愛撫し、もう片方の手で乳首をコリコリと触るなど、2点攻め、3点攻めを心がけましょう。**

> 唇と舌を柔らかくして、
> ペニスとの接地面を多く取りましょう。

つむじを男性に見せるのはNG。目線は男性の顔へ。

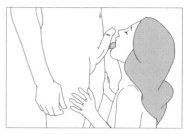

舌を大きく出して、接地面を広く。縦方向に舐める。亀頭や裏筋をチョロチョロと舐めたり、バリエーションをつけて。

蟻の戸渡り（P110参照）にはペニスが埋まっているので、気持ちいいポイント。

睾丸を舐めたり、口に含んだり。決して引っ張らないようソフトに。

竿を口に含んだ時は、亀頭を覆い空洞を作らないように。舌で裏筋を刺激することを忘れずに。

両手は遊ばせずに、睾丸や蟻の戸渡り、乳首を愛撫する。

MEMO

Lesson 8

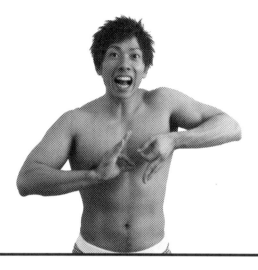

シックスナインに
ついて

SHIMIKEN's BEST SEX

シックスナインのベストなタイミング

「シックスナインをどのタイミングに入れたらよいのかで悩みます」という声をよく聞きます。なんという幸せな悩み！　やりたい時にやればいいのでは……と言っても悩むのが好きな人たちは具体的な答えを求めてきます。

クンニ→フェラからの流れでスムーズに移行する。

クンニをした後、女性に「僕のも舐めて」とフェラをしてもらい、その後に「舐めっこしようか？」、もしくは「僕も舐めてもいい？」と聞いて、シックスナインへ……という流れだといかがでしょうか。

いきなり普通の体位からシックスナインに持って行こうとするとスムーズに移行できないので、相手にフェラしてもらっているタイミングで、一声かけてシックスナインに持ち込むのがベストなのかなと思います。

**クンニ→フェラチオ→シックスナイン
という自然な流れを作りましょう。**

睾丸の位置で発射のタイミングがわかる？

　ここまで前戯が進んでくると、男性の睾丸に変化が生じてきます。よく睾丸を観察してみてください。

　男性は性器に刺激を受け気持ちいいと感じると、陰嚢（玉袋）の中の睾丸が上にあがってきます。 そして発射する際は、拳銃のカートリッジのように体内にガチッとはめ込まれるような状態になります。男性がイクのを我慢する時、睾丸を引っ張ろうとする行為「金玉ストップ」は、カートリッジの装着を阻止しようとしているのです。ただ、一度はめ込まれてしまうと、なかなか引きはがせないので、イクのを我慢するのであれば、前戯に戻ったりして脳を落ち着かせることのほうが実用的です。

　なお、性のプロフェッショナルたちは、睾丸の具合を見て「あ、そろそろだな」「まだイキそうにないな」とわかるそうです。AVの撮影中でも、「あ〜イキそう」と言いながら、なかなかイかない「イクイク詐欺」をする男優は、睾丸がダラ〜ンとしています。

イキそうになると、男性の睾丸が上にあがってきます。

挿入へ移行する時は「どこかが触れている安心感」を

　お互いが愛撫し合った後、いよいよ挿入するわけですが、挿入のために「よっこいせ」と体勢を変えたりすると、変な間ができてしまい盛り上がった気持ちが目減りしてしまう可能性も。

　快感を高め合ったままうまく挿入するためには、変な間は禁物です。

　もし身体の位置が悪い場合は、キスをしたりお互いの身体を触りつつ、少しずつズラすのも可ですが、鉄と膣は熱いうちに打ちたいもの。挿入時の体勢は前戯の時に考えながら位置どりしていきましょう。

　挿入への準備中は、身体の一部が常にどこか触れ合っている状態で行うこと。何度でも言いますが、この時にも手持ち無沙汰にならないという鉄則を忘れずに。届く範囲でいいので、相手の乳首や背中、お尻などに触れてあげてください。

キスをしたり、身体を触ったりして、盛り上がったテンションをキープしましょう。

Lesson 9

挿入について

SHIMIKEN's BEST SEX

コンドームをつけない男は本当のダメ男

　これは女性のみなさんにぜひ声を大にしてお伝えしたいのですが、経済力がないとか年齢を理由にして「まだ結婚はできない」と言うのに、コンドームをつけないような男がいたとしたら、別れてください。別れなかったとしても、そのようなリスク計算ができない人は、絶対人生どこかで失敗します。理想は、女性がなにも言わなくても、率先してコンドームをつけてくれる男性です。

「コンドームをつけると萎えるんだよ」と言う男性もいるようですが、そんな勃起力のない男性（＝すぐ言い訳をして逃げる男＝一生うだつのあがらぬ人生を送る男）**とはいずれ絶対にダメになります。**そんなことを言う男は、自分のことしか考えていません。別れなさい（自分が物扱いされることに興奮や幸せを感じる人も、本当に困った時に後悔します）。

　そもそも「コンドームをつけると萎える」というのは、その人自身の暗示に過ぎません。ただ日頃から「生が当たり前だ」と思い込んでいるからこそ、コンドームをつけることがマイナスだと思ってしまうのです。日頃からちゃんとコンドームをつけておけば、それがスタンダードになるので、「コンドームをつけると萎える」なんて思わなくなります。だから、「つけると萎える」なんて言う男はクズです。別れなさい。

　カリスマAV男優の加藤鷹さんも言いましたよね。

「ゴムをつけないような男は、挨拶ができない男と一緒だ」と。そ

の通りでございます。

　また、女性側こそコンドームを持ち歩くべきです。女性が自分の身を自分で守るために、コンドームは絶対に欠かせません。死と税務署とセックスは突然訪れます。だからこそ常に携帯して、「だってゴムがなかったから……」という言い訳を未然に防ぎましょう。

　コンドームなしのセックスは、単に妊娠のリスクだけでなく、性病のリスクもあります。日本性教育協会の調査によると、5人以上の男性と性体験がある女子高生のうち、3人に1人はクラミジアだったというアンケート結果もあるぐらいです。楽しいセックスライフを送るうえで、コンドームは欠かせない存在なのです。

> 「コンドームをつけると萎える」は、
> 生でやりたいがためのウソです。

しみペディア

コンドームは「コンドームさん」が発明しました。

コンドームを5秒で装着する方法

　一通り前戯も終わり、いよいよ挿入……となった時に気をつけたいのがコンドームの装着。ここでつけるのに手間どり萎えてしまったり、女性のテンションが下がってしまったりと、つまづく人も多いのではないでしょうか。

　まず、つけるタイミングですが、オススメはクンニ→フェラが終わった後、もう１回クンニに戻りつつ装着する、です。つける時にはなるべく女性と触れ合っていてください。

　クンニのほか、キスしたり物理的に触れていなくても、会話をしたり目を見つめ合ったりと、女性がひとりにならないようにすることが大切です。女性に「いつつけたの？」と思わせたら大成功。

　コンドームを装着するために、「ちょっとまって！」とイチイチ行為を中断させていては高ぶった気持ちも冷めてしまいかねません。**コンドームは、セックスをしている場所から常に自分の手の届く位置に配置しておきましょう。**

　次に装着の仕方ですが、ご存じのとおり、コンドームには表と裏があります。この裏表を目視で確認するのではなく、指の感覚だけで見極めることが、スムーズに装着するためのコツでもあります。

　僕の場合、コンドームを袋から出した後、麻雀の盲牌の要領でゴムの表面を親指と人差し指でこねてズラしてみます。コンドームのリング部分がスルスルとスムーズに巻き込まれるようならば、それ

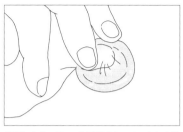
親指と人差し指で、先端部分をつまみ空気を抜く。指でこねてリングがスルスルと落ちてくるほうが表面。裏面だとゴムが伸びるだけ。

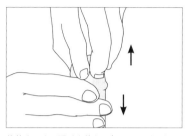
装着する時は両手を使う。亀頭にかぶせたら、亀頭部分を上に引っ張りながら、リングを下へ。

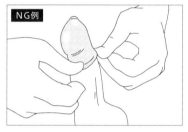
リングを指で広げて装着すると空気が入りフィット感がなくなるのでNG。

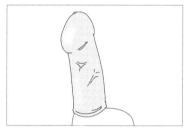
リングが一番下まで下がっていることを確認。

は表なのでそのままペニスにかぶせます。ズラした時にゴムが伸びるようなら、ウラ返しにして表であることを確認します。

　装着中、僕の目線は女性を見ていることが多いので、コンドームは1回も見ないことが多いです。

　リング部分を両手で広げてかぶせようとするのはダメです。コンドーム自体が破けてしまう可能性がありますし、ペニスとゴムの間に空気が入ってしまうため、フィット感がなく、お互いに気持よくなれません。

　では、どうやって装着すればよいでしょうか？

　まずコンドームの先端部分についている空気穴をねじって空気を

Lesson 9 挿入について

抜いた後、亀頭にかぶせます。

なお、コンドームを正しくすばやく装着できる人は、30人に1人ぐらいしかいないと僕は感じています。たいていはコンドームのリング部分が本体を巻き込んでしまい、ペニスの根元までつけ終わる前に止まってしまいます。

しかし、これを解消する方法があります。

それは、片手でコンドームのリング部分を下げながら、もう片方の手で同時にゴムを上に引っ張るというもの。 多くの人は、両手でクルクルとコンドームのリング部分を根元に向かって下げて装着しようとします。でも、これだと本体を巻き込んでかんでしまい、途中で止まってしまうのです。

片手でコンドームの先端（亀頭部分）を上に引っ張りながら、片手でコンドームのリングを根元に向かって下げていくと、空気も入らず、キレイに装着できます。しっかりと練習してみてください。

慣れると相手に気づかれずに5秒以内でつけられるようになりますよ。

表面を見極め、リングの上の部分を上に引っ張りながら、リングを下げていきましょう。

しみペディア

海外では動物の腸を使ったコンドームというものが一番売れているそうですが、使ってみたら生々しくて、僕は日本製のほうが好きでした。

知っておきたい
コンドームのマナー

　コンドームを装着する時、よくないパターンのひとつは、リングの部分がキッチリ根元までハマっていないという状態です。途中でとれてしまう危険性もあるので、注意しましょう。

　あと注意したいのが、装着後にペニスが萎えて、再度勃起した時。一度萎えると、ゴムとペニスの間に空気が入ってしまい、フィット感がなくなり、場合によっては精液が漏れたり、はずれたりしてしまう可能性があるので、新しいものに替えてください。

　時々、「コンドームが破けた」という声を聞きますが、今の時代に日本で売られているコンドームは、激しくピストンしたとしても破けません。**女性が濡れていないのに激しくピストンしたか、商品の劣化が考えられます。**箱に消費期限が書いてあるので、しっかりと確認しましょう。

　保存方法も重要です。財布やカバンのなかに入れっぱなしにしていると、摩擦によってゴムが劣化する可能性があります。僕がカバンの中に入れて持ち歩く時は、ジッパー付きの袋に入れています。

**途中で萎えたら、
新しいコンドームに取り替えましょう。**

「僕もはじめてだから」は
NGワードです

いざセックスとなった時、男女ともにまだセックスの経験があまりない可能性も充分にありえます。

そういった場合の挿入時、男性よりも女性のほうが心の負担も身体の負担もとても大きいということを意識しなくてはなりません。

はじめてのセックスの時、女性はとても不安にかられています。

何がどうなるのかわからないという不安と、周りから聞く「痛い」という話の先入観から、脚に力が入ってしまい、思うようにいかないと思います。これは、不安と恐怖から心のブレーキがかかっているんですね。

セックスがはじめて、ないし経験の少ない女性に出会ったら、男性はまず彼女の不安を取り除いてあげましょう。「言ってはいけない言葉」は、「僕もはじめてだから」とか「あまり経験がない」などとセルフ・ハンディキャッピング（言い訳）をすることです。

男性は「僕も君と一緒の立場だから安心して」という意味合いで言っているのかもしれませんが、それは逆効果。仮に自信がなかったとしても、それは口に出さずリードすべきです。

反対に女性が経験が豊富で、男性が経験がない場合は、男性は正直に「経験が浅い」ということを伝えると良いと思います。

僕自身も「処女」の女優さんとは、これまでに250人くらいお仕事をさせていただきましたが、そのなかで嘘だったのはたったひ

とりだけ。そのひとりも「数年前に一度したけど痛くてそれからはしていない」というケースでした。

処女の女優さんたちは当然セックスは初体験です。なので、彼女たちと仕事をさせてもらう時、僕が意識しているのは「いま、自分がどういう状況になっているか」を逐一報告するということ。
「いま、ペニスが◯センチ入ったよ」、「脚に力が入っているから、ちょっと力を抜ける？」など、状況を教えてあげることで、いま自分に何が起きているのか、自分は何をすべきなのか、そして、今後どういうことが起こるのかを理解してもらい、不安を取り除くように意識していました。

そして、目を見て優しく手を握ってあげましょう。「できるところまでやってみよう」と問いかけてみてください。「齢をとってお婆ちゃんになっても話したくなるような初体験にしようね」と歯の浮くような台詞を口にするのも手です。そんなセリフが不安がっている女性の胸の奥にすっと届き、気持ちを和らげることができるかもしれません（「何言ってんだバカヤロー、痛えもんは痛えんだよ」となるかもですが）。

なお、相手が濡れない場合。気分が乗っていない、体調がすぐれないなど、いろいろなケースが考えられます。もし手元にローションがあるのなら、ぜひ使ってみてください。**ローションを使うことは恥ずかしいことではありません。ローションを使って女性の身体の負担を減らすのもデキる男のエスコートです。**

**男性がリードし、
女性の不安を取り除いてあげましょう。**

あと5センチの勇気

さて、いよいよ挿入ですが、経験の少ない女性の場合、先っぽを挿れた先に「つっかえるナニカ」が存在して、ペニス全体を挿れることができないケースがあります。これは物理的なものでもあり、「壁」のように感じるナニカです。

処女喪失の一番の関門がここで、ここを通過すればよいのですが、「どうしても最後まで挿れられない」という経験のある女性へ伝えたいのは、勇気を持って相手を信頼してほしいということ。逆に言うと、信頼できない人に大切な身体を預けるべきではありません。「あと5センチ」のところまで来ています。まずは身体の力を抜き、「これで好きな人と結ばれる」という気持ちをもってください。そうすれば最後まで入ることでしょう。処女の女性は「あと5センチの勇気」を持ってくださいね。

ちなみに、はじめてのセックスは「痛みしかなかった」という方が多いです。そして、「何回目で気持ちいいと思えた？」と聞くと、たいてい「5回目くらい」という返答がきます。セックスの良さを知らないのはもったいないので、5回目まではチャレンジしてくださいね。

余談ですが、時々「処女だと言っていたのに、血が出なかった！」といって、いちゃもんをつける男性がいるようです。が、処女膜は膣のなかに「膜」がはっているわけではなく、実際は蕾のよう

な形をしています。その形状は人によって様々で、「処女だったのに、初体験後に血が出ない」というケースは体感値60％くらいはあります。

相手を信頼し、身体の力を抜いてみましょう。

―― しみペディア ――

ちなみに「処女膜」という言葉を作ったのは、杉田玄白だと言われています。

生理中のセックスについて

　セックスしようと身体を求めたら、女性に「私、今日生理なの」と言われる。これは非常によくあるシチュエーションですが、この場合、あなたはどう考え、答えますか。

「じゃあ、中出しできるね」。

　これは相手のことを何も気遣ってない男ですね。

「じゃあ、今日はやめておこう」。

　これは優しい男です。

「じゃあ、いまムラムラしてんじゃねえかよ！」。

　これは男性ホルモンに操られているけれど、口のうまい男です。

　では何が正解なのでしょう。

「今日、生理なの…」の次にくる言葉を考えてみましょう。

「今日、生理だからセックスはしたくない」という意向なのか、「今日は生理だから、ニオイとか血が出ちゃうけど大丈夫？」なのかで、男性側の対応がまったく違いますよね。

　前者だった場合、相手が生理中にセックスをしたくない理由を聞いたうえで、無理強いはしません。相手の気持ちを最大限尊重すべきです。後者なら、相手が不安に思っていることを解消したうえでのセックスになります。

しかし、正直、生理中のセックスはあまりオススメできません。理由は、子宮口が開いているので、雑菌が入りやすい状態にあり、

子宮が下がってきていて、痛くなりやすい。膣内が荒れていて傷がつきやすくなっているためです。

　女性が生理中のセックスを嫌がる理由には、「生理のニオイが気になる」や「生理痛があるから辛い」「お互いの身体やシーツが血まみれになるのがイヤ」といった理由が多いようです。

「生理中だから、中出しできる」と考えるのは誤りです。生理中であっても、妊娠する可能性はあります。

「どうしても生理の日にセックスをしたい」という人は、コンドームを着用して、あまり奥まで強く突かない配慮を。

「今日、生理なの…」の次にくる言葉を考え、
女性の気持ちを優先しましょう。

―――― しみペディア ――――

　僕は生理中の女性の膣内にカメラ入りの試験官を入れて観察してみたことがあります。まるで温泉が噴き出るようにふわっと血液が溢れ出ている様子は、とても神秘的でした。

挿入したら最大10秒はペニスを動かさない

いよいよ、膣に挿入です。

興奮が高まり、すぐに動かしたくなるところですが、一回奥まで挿入をしたら3〜10秒間ペニスは動かさずにそのままにしておきましょう。その際に「一番感じるであろうポイントを探ってから止める」というのがポイントです。

なぜかというと、膣は形状記憶筋肉・粘膜と言いましょうか、入ってきたものに対して密着するようにできているようです。一度奥まで、もしくは、ころあいのよいところまで挿れたら、自分のペニスの形を覚えさせるように密着させてください。形を覚えさせることにより、セックス後に下陰部分が痛くなりやすい女性も予防になります。なにより密着度が増して気持ち良さが増します。この、「挿入してポイントを見つけたらペニスを動かさず記憶させる」は全員にやっていただきたいテクニックです。

なお、体位を変えた際にも、数秒間は形状記憶のために、動きを止めておきましょう。

ペニスと膣が密着し、気持ちよさが増します。

挿入中、目はあける？つむる？

挿入している時、僕はなるべく相手の目を見ていますが、目をつむる場合もあります。

それは、自分の神経と相手の神経をつなぎ合わせる時です。**目を閉じて感覚を集中させていると、どこかでビターンと相手の考えと波長が合うタイミングがあります。それを体感できれば、「いま相手が何を考えているのか」がわかります。**これはなかなか言葉では説明しづらいものですが、そこを探りながらセックスをしていかないと、いつまでもその感覚をつかめないままでしょう。

僕の場合、目を閉じてビターンと神経がつながるタイミングがきたら、相手の目を見ます。

こうした状態になった場合は、女性側も男性が何を考えているかがわかるはずなので、ほかの女の子のことや全然関係ないことを考えているようだと、すぐにバレます。仮に雑念がない状態だったとしても、目を閉じていると、相手に「いま、誰とセックスしているつもりなんだろう？」と不安な気持ちにさせてしまうので、神経がつながったと思ったら、相手をじっと見つめてあげましょう。

**相手の目を見ましょう。
つむる時は神経をつなぐ時です。**

MEMO

Lesson 10

体位について

SHIMIKEN's BEST SEX

ベクトル計算を考えた身体と腰の使い方とは

挿入した後、自分が腰や身体をどんな風に動かしているのか、真剣に考えたことはありますか？

気持ちいいセックスとそうでないセックスの間には、はっきりした違いがあります。みなさんは「考えるセックス」をしたことがありますでしょうか。挿入時に何を考えるか。それはペニスの挿入角度と動かし方です。

女性器に対してペニスを「平行」に動かす人が多いのですが、セックスが上手い人ほど「ペニスに角度をつけて」動かします。

Gスポットは膣のお腹側に位置しています。性交中にペニスでGスポットを刺激するには挿入に角度をつける必要があります。角度をつけることで、ペニスがGスポットをこそぎながら奥にいく軌道を通るようになり、より快感が強くなります。

この「挿入角をつけてGスポットをこそぐようにペニスを通過させ、奥（ポルチオ）まで到達させる動かし方」というのはすべての体位において実現可能です。

このようにGスポットの位置を意識しながら身体の使い方やペニスのベクトル、挿入角度を考えてセックスをしていくと、気持ちのよいセックスができるだけではなく、自然と「疲れないセックス」ができるようになります。セックスで疲れるのは、ちゃんとしたベクトル計算ができておらず、余計な力が入っていることを意味しま

す。

たとえば、「駅弁」という体位。これは、男性が立ちながら女性を抱きかかえ、さらに腰も動かさなければならないので、一見するとかなり疲れそうに見えます。

みなさん、あれは「AV撮影などのための見せる体位」だと

駅弁。首と首をぴったりくっつけて、ひとつの棒のように。男性のベクトルが上を向き、女性のベクトルが下を向く。ベクトルがぶつかると、疲れないうえに気持ちよさが増す。

思いがちですが、上手な人にとっては、重力を味方につけることのできる本当に気持ちのよい体位なのです。

上手いやり方としては、2人が首と首をぴったりとくっつけて、ひとつの棒のようになること。そうすれば、へんに力を入れなくても女性を支えることが可能になります。なので「駅弁って疲れるよね」と言う人に出会った時は、「あぁ、この人はベクトル計算ができていないんだなぁ」と思ってしまいます。

あと、男性がよく使う言い訳として、「上付き・下付き」という言葉があります。でも、この「上付き・下付き」は、気持ちよさや挿れやすさには関係ありません。女性の膣の位置なんて、挿入角度ひとつでどうとでもなります。この言葉を使う男性は、ベクトル計算をしていないことを露呈している言い訳男なので、ご注意ください。

挿入角度をつけて、「ペニスが膣のどの部分に当たっているか」を意識しましょう。

体位を変える時は、関節を押して、指先ひとつで

「疲れないセックス」について、もう少しご説明します。

みなさんは体位を変える時、どうしていますか？

1回1回「次はこうしてああして」と伝えたり、ペニスを抜いて体勢を作ったりしていては、盛り上がったテンションも冷めかねません。

そんな時に覚えておくと強みになるのが、「体位を変える時は挿入したまま関節を押す」というものです。

「セックスをすると疲れる」原因のひとつは、体位を変える時に無駄な力が働いてしまっているから。 酔っている友人を運ぶ時ってパワーを使いますよね。それに似ています。

そこでオススメなのが「関節を押して体位を変える」という方法です。

基本的に関節は一定方向にしか動かないので、押したとしても反発を受けることがありません。イメージとしては、合気道のように小さな力で相手の身体を動かす、です。

たとえば、正常位の体勢の女性を側位にしたいとします。その時、女性の膝関節と肩関節を横に押しただけで、コロンと女性の身体を横にできます。筋肉の部分を引っ張ったり押したりして体位を変えようとすると反発を受け、とても力が必要になります。

また、そこからバックにいこうと思うのならば、動かしたくない

部分をおさえながら、腰と膝関節を動かしたい方向に押すだけで、またコロンとバックの体勢になってくれます。

側位からバックへ。反発を食らう筋肉ではなく、関節を押すと、余計な力を入れずに済む。

「関節」さえ意識すれば、コロコロと川を流れる石ころのように、無駄な力を使わずに自然に体位が変えられます。慣れてくると、指1本で体位を変えられるようになります。心に留めておいて、意識して行ってみてください。

筋肉を押して動かそうとすると、反発を受けるので疲れます。

～～～ しみペディア ～～～

ちなみに、AV男優のなかでも、この手法がわかっている人は、全体のうち10人もいないような気がします。

Lesson 10 体位について

重力に逆らわないセックス
だと疲れない

人は重力に逆らうと疲れますが、重力を味方につけると非常に大きい力を手に入れることができます。

体位については後述しますが、正常位ならば、腰上げ正常位の時に。騎乗位ならば、前後のグラインドの時に。対面座位ならば、重力をうまく使えば、本当に少しの力で最大の快楽に導くことが可能です。

気持ちいいポイントを見つけたら、大きくピストンするのではなく、グリグリと刺激する。正中線を意識して、上半身は動かさない。

セックスの上手い人ほど、ペニスを動かす距離は短くなると考えています。

それは音にも表れます。セックスが下手な人の音はパンパンパンと激しく突くような音になりますが、セックスの上手い人はトントントントンという音になります。なぜなら、上手い人は気持ちがよいポイントをとらえたら、そこからあまり動かさないからです。ポイントを見つけたら、はなしてしまわないよう「つっつく」ような動きになります。パンパンパンと動かしてしまうと、ポイントがズレる可能性があります。盛り上げる時などはパンパンする時もありますが。

また、セックスをしている時は、身体の「正中線（身体の前面、背面の中央を頭から縦にまっすぐ通る線）」を意識することが非常に大切です。正中線がブレていると、余計な力が入り途中で疲れてしまいます。そのせいで中折れしてしまうこともあるでしょう。

**余計な力を使わずに、
女性が落ちてくる重力を生かしましょう。**

しみペディア

とあるテレビ番組が、このパンパンパンとトントントンの音を録音しようと僕のところに連絡がきましたが、頓挫してしまいました。

挿入中に、女性側が気をつけるべきポイント

　セックスをしていて「そこ、ちょっと違うんだよなぁ」って時ありませんか？　そんな時は、自分でポイントを合わせるように軌道修正するべきです。

　自分にとって気持ちがよいポイントは、自分が一番わかるもの。とは言え、セックスはコミュニケーションですから、欲を言えば新しい快感ポイントを見つけ出してもらいたいし、言わなくてもわかってもらいたいところですが、そこに期待は禁物。受け手に回っている時でも、自分が気持ちのよいポイントへ誘導して、相手にわかってもらうことが大切です。

　ただ、そこでめんどうなのが男のプライド。頭ごなしに「違う！」と言うのではなく、「もう少し上」「もう少し優しく」「もっと強めに」などのようにやんわりと正解のポイントへ導いてあげましょう。

　なお、あなたが気持ちよいところは、相手にとっても気持ちがいいところ。気持ちよさは比例しますので、どんどん希望を伝えていきましょう。

身体をずらしたり、言葉を使って、自分が気持ちよいポイントに誘導しましょう。

正常位では、「肩」と「手の位置」を意識

　僕のところには、よくこんな質問が寄せられます。

「正常位の時、腰がうまく使えません。すぐに疲れてしまいます。上手な動かし方はありますか？」

　このように身体が疲れてしまう最大の原因は「体全体が動いてしまっているから」です。

　自分のセックスを思い出してみてください。**腰を動かしている時に、肩の位置は動いていませんか？　動いてるようだと、体全体を動かすような疲れやすいセックスをしている証拠です。上手な人は、腰だけを最小限に動かすので、肩の位置はほとんど動きません。**

　また、正常位の最中、あなたの手はどこにあるでしょうか？

　もしも手を床について腕立てをするような姿勢になっているようだったら、それは疲れやすいセックスの要因になります。なぜなら、女性の膣にベクトルを向けたいのに、身体を支える「手」と「挿入」という2方向に力が分散してしまううえ、腕に余計な力が入ってしまうので、疲れてしまうのです。

　では、手をどうするべきなのか。

　オススメは、最初は女性の膝、ないし腰に手を置き、その後、クリトリスや乳首を触ります。最後は「肩」へと手を置きます。肩を押さえくおくと、挿入で突いたベクトルと肩を手前に少し引くことによって生まれるベクトルをぶつけられ、大きな快感を得られるか

Lesson 10 体位について

らです。

正常位の時に女性が密着したがる場合もあります。その時は気持ちのよいポイントは外さず、自然に身体が寄り添い合うようにしましょう。**体幹や足場のバランスが悪く、どうしても床に手を置きたい時は、肘から手首までをペタっと床につけて、床への接地面を大きくすると、上半身が安定するので疲れにくくなります。**

また、少しバリエーションを加えたい時には、正常位の状態から、女性が少し腰を上げて、男性の脚の上に乗るような体位をとる「腰上げ正常位」もオススメ。この姿勢だと、ペニスがGスポットをこそぐように奥まで差し込むことができるため、男性は最小の力で女性に深い快感を与えることができます。

NG例。手を床につけると余計な力が入り、女性の膣に向ける力が分散されてしまう。

OK例。上半身は動かさず、腰のみを小さく動かす。手の位置は最初は腰か胸。徐々に肩へ。

くっついた状態での正常位。手は肘から手首までを床につけて接地面を広くすると、安定感が増す。

手を床につけずに、上半身は動かさず、腰だけを動かすと、疲れません。

側位は唯一、射精コントロールのできる体位？

　ここでいう側位（側臥位）とは、男性が正常位の体勢、女性が身体の片側を床につけ横に足を抱えるような体勢のこととします。

　この体位は、多くの体位のなかでも「唯一、奥まで挿入できるうえ、男性は射精のコントロールをしやすい体位」と言われています。

　通常、セックスは女性が気持ちよくなればなるほど、男性側も気持ちよくなる……といったように、男女の気持ちよさがほぼ比例する「最大のコミュニケーション」です。なので、片方が「あまり気持ちよくないな」と思っている時は、相手も「気持よくない」可能性が高いのです。

　でも、この側位は女性が気持ちいい一方、男性はある程度冷静でいられる唯一の体位と言われています。なぜ、男性は挿入中でも側位ならば冷静でいられるのかというと、あまり側位の感覚になれていないからと考えます。一方の女性は、ペニスが奥まで入り込み、足も閉じているので、気持ちよさは継続されます。

　男性がクールダウンしたい時や、もう少し長くセックスを楽しみたい時ならば、正常位の次

側位はペニスを深く挿入でき、射精も遅らせることができる便利な体位。体位変換の合間に挟み込むのがオススメ。

に側位、バックの次に側位、など合間に側位を挟んでみましょう。女性を気持よくさせたまま勃起の持続性を保つことができる、男性の強い味方になってくれる体位なのです。

なお、この体位はペニスの小さい男性にも有効です。僕は男優のなかではペニスのサイズがあまり大きいほうではありません。でも時には、奥までガンガンと突かないと声をあげてくれない女優さんもいます。そんな時にこの側位が活躍してくれます。

男性が冷静でいられる体位なので、早漏の人にもオススメです。

しみペディア

男性がイキそうになった時、睾丸を引っ張りますが、この手法は「金玉ストップ」という名前がついています。

騎乗位は、上下ピストンと前後グラインドを織り交ぜてみよう

騎乗位には、大きくわけると6つの種類があります。

①女性が男性の身体に直角に跨がり、上下のピストンをする。

②女性が男性の身体に直角に跨がり、前後のグラインドをする。

③女性が上体を後ろに反らし、上下のピストンをする。

④女性が上体を後ろに反らし、前後のグラインドをする。

⑤女性が男性に抱きついて、上下のピストンをする。

⑥女性が男性に抱きついて、前後のグラインドをする。

騎乗位時の男性の動き方は、大きく分けると2通りあります。上下に動かす「点で攻めるピストン」。そして、前後に動かす「面で攻めるグラインド」です。

前者に比べると、後者のグラインドのほうが、奥の子宮周りのポルチオ性感帯を攻め立てるうえ、クリトリスも同時に刺激できるため、女性がオーガズムを迎えやすいです。とはいえ、奥までグリグリと強い刺激を与えるので、長時間続けると女性の身体を痛めてしまう可能性もあります。**騎乗位の最中は、「点で攻めるピストン」と「面で攻めるグラインド」の両方を織り交ぜるとよいでしょう。**

6種類のなかで、僕が一番オススメするのは、②の「女性が男性の身体に直角に跨って、前後のグラインド」というパターン。

この姿勢で、男性のペニスで女性のGスポットを通過しながらポルチオも刺激する軌道を描き、クリトリスもこすると、これはもう

Lesson 10 体位について

最強でしょう。

　次にオススメなのは、⑤の**「女性が男性に抱きついて、上下のピストンをする」というもの**です。ここでも、ペニスはGスポット経由ポルチオ行き。さらにクリトリスをこする軌道を描けます。

　この時、女性だけで動くと、動きがブレやすくてポイントが定まりにくくなってしまいます。**なので、男性は、女性の正中線上にある「仙骨」を持つと動きがブレません。**仙骨は、背中と腰の境目にある三角形の骨の部分のこと。尾てい骨の上あたりにあります。この仙骨を持ちながら、女性の身体を上下に動かすとブレずに「芯を突く正確な動き」ができるはずです。

　なお、①と②の騎乗位の場合、膝を床につけずに、しゃがんだ状態。つまり、「うんこ座り」状態になるパターンもあります。重力をうまく使い、男性側は太股で女性の身体を跳ね上げて、重力で落ちてきたところを受け止めてあげるとよいです。

②女性の膝は床につけ、前後にグラインド。女性は足の甲をぺったり床につける。女性の手は乳首を愛撫。

③女性が膝を立てて、後ろに手をつき、上体をのけぞる。上下ピストン、または前後グラインド。男性は女性の太股の下に手を入れグラインドをアシスト。手でクリトリスを刺激するのも効果的。

⑤女性が抱きつくような形の騎乗位。この体位は男性がピストンをする。背中と腰の境目の「仙骨」を押してあげると、動きがブレずにより深く挿入できる。

視覚的には、うんこ座りをしているほうが結合部分がよく見えるので興奮しますが、実際の快感度を考えると、膝を床につけて、しっかり身体を密着させているほうが「芯を突く正確な動き」がしやすく、快感も大きいです。

女性が膝を立てた状態で、上下にピストン。男性は手で乳首やクリトリスを刺激。女性は男性の乳首を舐めてもよい。

女性のみなさんにぜひお伝えしたいのは、「騎乗位は女性が動くもの」というイメージが強いかもしれませんが、そんなことはありません。 騎乗位になった時に、女性に「動いて」とか「気持ちよくして」と煽る男は、今後の人生においても他人まかせにしがちな傾向にあります（途中からバトンタッチして動いてくれる男性は除きます）。付き合っていく際は騎乗位で男を見極めてください（笑）。

よく「騎乗位ができない」や「動くのが苦手」という女性がいらっしゃいますが……それは「喝！」です。誰でもはじめはできません。そこから「どこをどうすれば気持ちよいのか？」を探求する姿勢と気持ちが大切なのです。上手い下手は関係ありません。「自分の気持ちいいベストポイント」を探りながら騎乗位をしていくと、中イキできる可能性がアップします。

「点で攻める上下ピストン」と
「面で攻める前後グラインド」を織り交ぜましょう。

バックが何倍も
気持ちよくなる方法

　セックスで「物理的に」一番気持ちがよい体位。それはバックだと僕は思っています（正常位は大好きな相手の顔が見えるメリットがあるので、正常位好きが多いのも確かなのですが）。

　ただ、やり方次第では奥まで入るため、痛がる人もいるでしょう。**バックを行う際は挿入角度と軌道、スピードに気をつけるべきです。**

　挿入の際、四つん這いになった女性は、お尻の穴が天井を向くように突き出してください。上半身はネコの伸びのようにしていても、スフィンクスのように肘をついていてもいいです。「お尻を突き出すと、ペニスを奥まで入れた時、子宮口がじんじんして痛い」と言う方も多いと思います。なので最初はゆっくりと挿入し、奥まで入ったら腰を動かしません。そして「どこまで入れて、どこをどう突いたらいいのか」を探り合ってください。女性は、上体を上げたり下げたりして、気持ちいいポイントを探ってみてください。バックが苦手な人も、手順を踏むと痛くなくなります。これはどんな人にも当てはまります。この方法で、今まで何百人ものバックが痛いという人を救ってきました。

　なお、バックの時、男性は手をどこに置いているでしょうか？

　はじめの10ピストンくらいは腰（や胸）をもって、そっと動かすのがベターでしょう。次第に肩をもつようにすると、腰で突いた力が逃げず気持ちよさが増します。

さて、通常バックの時には、女性が脚を開いて四つ這いになり、男性がその脚の間から挿入していくパターンが一般的です。

でも、女性が脚を開かずに、男性の脚の間に正座をするような体勢を取るほうが、快感度は上がります（通称「正座バック」）。

女性が脚を閉じることによって、膣とペニスの密着度が増すからです。ただ、なかなか挿入しづらいので、最初は女性の両脚を広げた状態で挿入し、慣れてきたら徐々に足を閉じて、正座の体勢にもっていき、膝を少し開いてもらいます。イメージとしては「逆ハの字」を書くような感じです。**この時、つま先が立った状態で正座をしている女性もいますが、これだと安定が悪いので、女性の足の甲をしっかりと床につけましょう。**

オススメは正座バック。膣とペニスの密着度が増す。

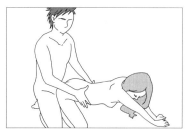
女性の足の甲は床につける。男性の足は女性の足を挟む。最初は腰に手を添え、徐々に、乳首、肩へと手を移動させる。

女性の上体を起こし、肩を固定すると、腰の力が強く伝わり、深く挿入ができる。

膣とペニスの密着度がアップする「正座バック」がオススメです。

普通のバックの
4倍以上の快感!?
究極の体位「ロールスロイス」

前述した正座バックには3パターンあります。

①女性が丸まったまま正座するパターン。

②女性が手を伸ばし、上体を起こしながら正座をするパターン。

③女性の両肩を男性が手前に引き、女性の上半身を完全に反り返らせたパターン。

なお、この女性の上体が反り返ったパターンの正座バックのことを、僕は「ロールスロイス」と名付けました。名前の由来は、高級車のロールスロイスのボンネットについているマスコット「スピリット・オブ・エクスタシー」に形が似ていること。そして、どちらも「最高級」であることからです。

それぞれの体位における快感度を数値化したことがあります。普通のバックが「70イッタ」（気持ちよさの単位。面白さの単位はアッハ）。正座バックは90イッタ。上体を少し起こしたパターンの正座バックを150イッタ。そして、ロールスロイスは300イッタです（しみけん調べ）。

ロールスロイスが気持ちがよい理由は、挿入角とベクトルにあります。**この体位を取ると、膣に入るペニスがちょうどGスポットをこそぐように通過し、ポルチオ性感帯に到達します。また肩を持って固定、ないしは手前に軽く引くことにより、腰の動きのベクトルと衝突させることができるわけです**（子宮を突くのではなくポルチオ部分

を突く)。

より深く、正確な軌道を描くことにより、通常のバックの4倍以上の気持ちよさを感じることができるのです。

なお、この時に余裕があれば、片手はクリトリス。そして、もう一方の手では乳首攻め（できれば「乳首クロー」で両方の乳首）を

ロールスロイス。正座バックの状態で、女性の上体をそらせると、Gスポットとポルチオを刺激できる。片手はクリトリス、片手は両方の乳首を愛撫するフルオプション。

すると、ペニスで「Gスポットとポルチオ」、手で「クリトリスと乳首」という、まさかの4点攻めのフルコースが完成するのです！

これぞ、現代版四十八手の最高奥義である「ロールスロイス・フルオプション」の完成です！

クリトリス、Gスポット、ポルチオ、乳首を刺激できる究極の体位です。

しみペディア

以前、トップ男優5人が都内某所に集まり開催された「ちんぽサミット」において、5人中4人が「この体位こそ最強！」と口にしたのが「ロールスロイス」です。

女性に大人気の体位・対面座位

　対面座位とは、男女が向き合いながら座り、挿入する体位です。

　この体位、非常に女性人気が高いです。**おそらく、自然に抱き合っているような体勢を取りつつ、重力を味方につけることができるので、奥まで挿入することもできるし、ペニスでクリトリスを刺激することもできる。物理的にも精神的にも満足度の高い体位だと言えるでしょう。**

　とある女優さんが言っていたのですが、身体が一番気持ちいいのはバックだけど、心が一番気持ちいいのは、顔が見える正常位か対面座位とのこと。

　なかには、男性が座り女性が上に乗るため、「動きづらい体位」と思っている人もいるかもしれません。ですが、コツさえつかんでしまえば、動くことは非常に簡単です。

　まず、座る位置は男性が少し脚を開いておき、女性はその上に跨ります。この時、女性はお尻の位置を少し落とし、ペニスに対して垂直に膣を差し込むのではなく、少し後ろにお尻をズラしておくといいでしょう。そうすると、男の股間と女性の股間に隙間ができます。対面座位は上下運動ではなく「前後運動」だということを亀頭の片隅に置いておいてください。

　そして、女性が男性の肩の上から背中につかまったら、前後に動きます。イメージとしては、騎乗位の時にお互いがくっつきあった

157

体勢での上下のピストンを前後のベクトルに変えて、身体を起こしながらやっているような感じで動くとよいでしょう。

コツは、男性の身体と女性の身体を密着せず少し隙間を空けるということです。 でないと、ストロークが作れないため前後運動しにくいのです。

身体を密着させずに隙間を作ると、前後に腰を動かしやすい。女性の仙骨のあたりに手を置く。動くのは女性ではなく男性。

なお、この時にも正常位と同様、肩を動かさないように心がけましょう。

この体位は膣に対してペニスが角度をつけて挿入されます。すると、テコの原理で、男性側が少しグリグリと腰を動かすだけでも、こそぐ感覚が強くなって大きな刺激を女性に与えることができます。男性は女性がずり落ちないように腰（仙骨のあたり）を持つとやりやすいです。

お互いの身体を密着させず、少し隙間を空けると、動きやすくなります。

―― しみペディア ――

ペニスがまっすぐな人は、全体の20％くらいしかいないと言われていますので、女性は突かれているポイントがズレていると思ったら、微調整していきましょう。

背面騎乗は男性側の安定感で気持ちよさが変わる

　背面騎乗とは、女性側が後ろを向いた状態で男性に跨る体位。四十八手では、「月見茶臼」と呼ばれる体位になります。

　一見、大変そうな体位に見えますが、男性側がしっかり女性を固定してあげ安定すれば、「Gスポット経由ポルチオ行き」を実現できるため、騎乗位とはまた違った気持ちよさで、女性の声のトーンがひとつ上がるのがわかります。

　背面騎乗も騎乗位と同様で、パターンは6つあります。

　①女性が前かがみになって跨がり、上下にピストンするパターン。

　②同じ姿勢で、前後のグラインドをするパターン。

　③女性が直角に跨がり、上下にピストンするパターン。

　④同じ姿勢で、前後にグラインドをするパターン。

　⑤女性が後ろに反り返って跨がり、上下にピストンするパターン。

　⑥同じ姿勢で、前後にグラインドをするパターン。

　なお、某女医が教えるセックスマニュアル本によると、「背面騎乗は女性が疲れるだけで、全然気持ちがよくない」と書かれていました。でも、僕はこの意見を真っ向から否定します。それは、気持ちのよい背面騎乗をやったことがない人のセリフです。

　なお、背面騎乗でオススメのパターンは、女性が後ろに反り返っているパターン⑥です。

　流れとしては、騎乗位からペニスを抜かず回転してもらう、また

は、バックからゴロンと後ろに寝転がる。どちらにせよ体勢作りは男性が導いてあげましょう。体勢ができたらポイントを探します。奥までそっと挿れて、一番感じるポイントを声や雰囲気でとらえたら、5秒止めて膣に覚えさせます。

女性は膝を立てて両手を床につけてバランスをとる。男性は女性の腰を支え、前後にグラインドしてGスポットとポルチオを刺激する。

　女性は膝立ちし、両手を後ろについて、胸を張ること。片手ではなく両手をついてください。どんなに身体が硬い人でもこの体勢になると安定し、とても楽に動けます。男は女性の腰を両手で支えます。背面騎乗で大切なのは、女性が胸を張ってシンメトリー（左右対称）であること。そうすることで、体勢を楽にキープでき、強い快楽を得ることができます。

女性は胸を張って両手を後ろにつき、シンメトリーな体勢を意識しましょう。

―― しみペディア ――

「月見茶臼」という名前の由来は、女性が後ろ向きになって見せる丸いお尻を月に見立てているところから来ているのだとか。

本当は気持ちがいい体位・駅弁のコツは首を密着させること

「駅弁」と聞くと、「疲れる体位」「力がいる体位」「見せるための体位」と思っている人が多いようです。が、それは間違いです。

何度も言うようですが、駅弁は重力を味方にできる、とても気持ちのよい体位です。

コツは、女性が腕を伸ばさず、首と首をくっつけて、ひとつの棒になるようなイメージで身体を密着させること。腕を伸ばして首にしがみつくと、首と首が離れてダッコちゃんのようなブラブラした状態になってしまい、女性の身体を支える男性の腰や腕が辛いことになります。駅弁が疲れる人は、ここができていないんですね。逆立ちも地面と垂直になるからバランスがとりやすい。ナナメになるとバランスをとるのに力が必要になります。それと同じです。

なので、できるだけ女性は首を男性の首にくっつけて、地面に対して垂直な状態でいるようにしましょう。

この時、男性の腕は力こぶを見せるように、肘の内角が鋭角になるように固定します。腕相撲でも肘の内角が開くと力が逃げてしまい、弱くなるのと同じ

NG例。女性の手が伸びている。男性が女性の膝裏を抱えている。女性の体重を支えねばならず、ピストンができない。

です。そして、女性の膝の裏からお尻にかけての大腿部を肘の内側でもつようにします。

動きは騎乗位と似た動きをイメージしましょう。「騎乗位＋重力」という公式。腰を動かす距離は10センチもありません。グリグリグリグリかトントントントンとグラインドさせる感じ

OK例。女性が首にしっかりとつかまり、ひとつの棒のようになると、余計な力がかからない。男性は女性のお尻を支えて、腰をグラインドさせる。

です。腕は動かさず腰のみを動かします。上下にグリグリする時は肩を上げ下げすると疲れません。これをマスターすると、最小限の力で動かせるのでスムーズです。

身体を密着させ「ひとつの棒」のようになれば、重力が味方してくれます。

しみペディア

昔、家に泊まりにきた女性が「眠っていて、目が覚めたら駅弁をされてた」と言っていたことがありました。そのくらい自然な動きでできるということです。

Lesson 10 体位について

立ちバックはお尻を天井に向け、かかとで踏ん張る

　続いては立ちバックですが、男性側にとっては挿れづらかったり、場合によっては身長差でうまく入らなかったりと、なかなか難易度が高い体位だと思われがちです。でも、そうではありません。身体の使いようによって、いかようにもできます。

　立ちバックのコツは、女性に理想的な体勢をとってもらえるよう導くこと。女性はお尻の穴を天井に向けるような気持ちで突き出して、かかとをしっかり踏ん張ってください。お尻を突き出し、腰を「S」の字に入れるという感じです。

　立ちバックが苦手な女性は腰が丸まる傾向にあります。丸まっている時は、男性が女性の腰（仙骨）のあたりを少し押して、肩をもち、上体を起こすような体勢に導いてあげましょう。このように、セックスにおいて理想的な体位へと女性を自然に導くのも、デキる男の条件のひとつです。

　また、もしも2人の脚の長さが合わない場合は、女性の腰の位置を下げて調整してもらうのですが、その際、かかとをつけ、ガニ股にして腰を落としてもらうのがポイントです。そうする

女性は上体を反らし、お尻の穴を天井に向けるように突き出し、かかとをつけてしっかりと踏ん張る。男性は女性の乳首、または肩をもって、女性を支える。

ことで挿入がしやすく、バランスが保てます。もし疲れるようでしたら体勢の見直しが必要です。

　なお、男性の手は女性の肩におくと、力が逃げずにバランスよく突けるのでオススメです。腰あたりにおくとピストンで突いた力が逃げてしまうので僕はあまりオススメしていません。

**女性の腰を押して、お尻を突き出させ、
上体を起こさせるようにリードしましょう。**

―― しみペディア ――

なかには壁に手を置いて立ちバックをする男性もいますが、女性側は「壁に顔がぶつかってしまうのでは？」と恐怖感を持ってしまうので、最大限の注意が必要です。

萎えた時の対処法

　セックス中の中折れや、十分に硬くならないなど、多くの男性を悩ませるインポテンツ。男女ともに辛いことです。しかし、これを読んでいるあなたは本当に「中折れ・ふにゃふにゃ・インポ男子」なのでしょうか？

　実は自称「中折れ・ふにゃふにゃ・インポ男子」の大半が、思い込みや精神的な理由からきています。もちろんなかには、糖尿病や高血圧、高脂血症などの生活習慣病によって、動脈硬化による血管障害が起こり、うまく勃起しない人もいるかもしれません。

　また、脳出血や脳腫瘍、パーキンソン病、アルツハイマー病などにかかっている人も、脳からの信号を神経にうまく伝えられない状態にある可能性が高いので、インポや中折れになることは十分にありえます。

　が、こうした病状にある人であっても、今の時代、インポは治療ができるんです。ですので、ちょっと勃たなかったり中折れしただけで「自分はダメだ」と思い込んでいる人のことを、僕は「エセインポ野郎」と呼びます。

　こうしたエセインポのみなさまに、5つの改善方法をアドバイスしたいと思います。これらは同時に全部並行してやらないと効果を発揮しないので、「我こそはエセインポ野郎だ」と思う人は、ぜひ実践してみてください。

①精神的に強くなる

多くの人に共通するのが、セックスがはじまる前から「勃たなかったらどうしよう」「途中で萎えたらどうしよう」と不安に思っていること。

悪い予感というものは当たるもので、そうした考えを持ってしまうとついつい引きずられて、一時的にインポテンツになってしまいます。

でも、そんな余計な不安なんてどうでもいいんです。**まずは一度初心に返って、「目の前にあるエロいこと」にだけ集中してみてください。**

まだセックスの経験も浅かったけど、ヤリたくてしかたがなかった若いころの自分を思い出してください。初心に返って、「今日だってデキる！　やってやる！」と思うからこそ、精神的に強くなれるのです。

そう！　つまりは、不安要素や邪念、下手なプライドを捨てて、目の前のエロに一直線に向かっていくこと。これこそが、エセインポから脱却するために大切なのです。

②運動して下半身を鍛える

勃ちが悪い時は、シンプルにスクワットをしまくりましょう。

なぜなら、スクワットは勃起に効くからです。股関節まわりの血流がよくなります。また、下半身には男性のホルモンレセプター（受容体）の数が多いとされているのですが、スクワットをすることで、アンドロゲン（男性ホルモン）をたくさん分泌させることができます。

さらに、ペニスに血液を送り込むためのポンプ役である「大腿四頭筋」と、血液を海綿体に送るために必要な筋肉「骨盤底筋群」を鍛えることができます。

スクワットができないという人は、屈伸運動を10回1セットやるだけでもいいので、まずやってみてください。「男は黙ってスクワット」です！

③健康的な食生活を送る

みなさん、毎日1日3回しっかり栄養のある食事を食べていますか？　偏った食事や1日2食しか食べていない……という人は、間違いなく努力が足りません。

まずはグーグルの検索バーに「理想的な食事」と打ち込んでみてください。そして、出てきたメニューを実践してみましょう。

のちほどサプリメントについても詳しく解説しますが、まずは正しい食事から栄養をしっかり摂って出直してきてください。

④オナニーをする

「頭をよく使う人はボケにくい」と言われます。これは勃起にも同じことが言えます。**つまり、毎日ペニスを使っている人ほど勃起力は衰えにくいということ。**実際、毎日セックスやオナニーをしてペニスに血液を送り込んでいるAV男優である僕自身も体感していることです。

すでにパートナーがいる人は、可能な限りセックスをしまくってください。

いまパートナーがいないという人は、最低でも週に14回はオナ

ニーしましょう。

そもそもやる気が起きないのは、まだまだ①、②、③で紹介した、精神面、運動面、栄養面が足りてないせいだと思います。まずここに立ち返って、やり直してください。

⑤なにかを我慢する

さて、ここまで読んでみて「これだけたくさんのことをやっていたら、とにかく時間がかかりそうだ」と思ったあなた、その通りです。

いままでの生活に、これらの中折れ対策メニューを組み込んだら当然時間は足りなくなります。場合によっては、ジムに行ったり食事に気を遣うことで、お金もかかるかもしれません。

でも、だからこそ大切なのは「なにかを我慢する」ということです。**メニューをこなすために、遊ぶ時間やダラダラする時間などを減らし、「なにかを我慢」しないとダメなんです。**

すべてを得ようとすると、すべてを失います。なにかを得るためには、なにかを犠牲にしなければなりません。

なお僕の場合は、ほとんど遊ぶことはありません。1か月の休日も1日程度です。それは、遊ぶよりは仕事やセックスに時間を費やすほうが楽しいから。だからこそ、19年間ずっとビンビン勃起し続けているのかもしれませんね。

スクワットをして、食事を改善し、不安や邪念を取り除きましょう。

早漏を気にするよりは、テクニックを磨くのが先

　高校生のころの僕は、挿れて30秒ももたないほどの早漏でした。それゆえついたアダ名は「千葉のシューマッハ」。当時の僕にとって、早漏は本当に大きな悩みでした。

　でも現在、僕は経験を積むことで、早漏を克服しました。

　つまり、経験を踏めば早漏は克服できるんです。本当に早漏について悩んでいる人であれば、たくさんの女性とセックスをする経験を積むことぐらい容易いものでしょう。「そんなの無理だ」と思うのであれば、その時点であなたにとって「早漏」は大きな悩みではないのかもしれません。

　みなさん、早漏の定義はご存じでしょうか？

　2008年5月、アメリカのオーランドで開催された「第103回米国泌尿器科学会」で定義された、世界的な早漏の基準は以下の通りです。

・膣に挿入する前、または挿入して1分以内に射精してしまう。
・膣に挿入後に自分の意思で射精を遅らせることができない。
・十分な挿入により相手を満足させることができないために、セックスが苦痛、フラストレーションを感じる。

　このうち1つでも当てはまる人は、早漏だと学術的に定義づけら

れたそうです。

でも、これだと全世界の男性が早漏になってしまいますよね？

そもそもセックスを時間軸に捉えることがナンセンスです。**そこで、僕のなかでの早漏の定義は、「女性を満足させる前に性行為をやめてしまうこと」だと思っています。**

要は自分だけが満足する「相手の身体を使った自分勝手なオナニー野郎」にならなければ、早漏ではないのです。仮に1分以内に射精しても女性が満足すれば早漏にはならないのです。

実際、仮に1分以内に射精しても、前戯や後戯でしっかり満足させられればOKです。**それに、女性側も「自分の身体でそこまで気持ちよくなってくれて嬉しい」という人もかなり多いということを知っておきましょう。**

僕自身9000人以上の女性とセックスをした経験から考えると、早漏を克服するよりテクニックを磨くことのほうが断然大切です。下手な男性と1時間セックスするよりは、テクニシャンと15分セックスするほうが、女性も嬉しいはず。

それでも「早漏を改善したい！」という人に向けて、ここからは具体的なアドバイスをします。

早漏を改善するコツは、大きく分けると3つあります。

①自分の高まりポイントを知り、落ち着く

早漏じゃない普通の人がマラソンランナーだとすると、早漏の人はゴール（エロ）に向かって一直線、常に全速力の短距離ランナーみたいなものです。目の前のエロに興奮しすぎず、常に冷静な心を保つこと。

冷静に戻るためには、自分の弱点を知っておくのも大切です。

もしも、**自分がイキやすい体位があるなら、その体位はできるだけ避ける。**また、視覚的に興奮しやすいタイプならば、あえてその方向をみないようにしてみるのも手です。自分の高まりポイントを把握して、なんとか興奮しないように心を落ち着かせてみてください。

②刺激に慣れる・回避する

　これには毎日オナニーをするのが一番です。
　溜まっているとすぐに気持ちよくなってしまうので、毎日２回は射精しましょう。
　次はペニスのカサの下にあるピンクの皮・内板部分を鍛えましょう。この部分は快感神経が多いので、ここの部分を刺激し、快感に慣れておく必要があります。毎日洗い、ドライヤーで乾かす、を繰り返しましょう。

③時には「腰を止める勇気」も大切

　イキそうだと思ったら、その瞬間に腰を止め、体位を変えてみたり、前戯に戻ってみるなどして、高ぶった気持ちを一度落ち着かせましょう。

「自分がどうすればイクか」を把握し、
毎日オナニーしましょう。

「遅漏」「セックスでイケない」と思ったら疑ってみるべき5つの原因

　早漏に悩む人もいれば、一方で遅漏に悩む人もいるでしょう。遅漏に悩む男性は全体の３％ほどだと言われていますが、遅漏の原因は大きくわけて５つ考えられます。

①精神的なもの

　中折れ・ふにゃふにゃ・インポと同様、遅漏もメンタルの影響が大きいと言われています。遅漏の方の場合は、膣内でイケないことがプレッシャーになっており、セックスをする前から「今日はイケないのでは」と不安感を抱いていることが多いようです。

　でも、繰り返しになりますが、「イク」はセックスのゴールではありません。お互いが満足するセックスをすれば、それでいいんです。

　とは言え、遅漏の苦しさは理解できますので、今からすぐできる方法を教えます。

　なお、AV男優は撮影現場にいろんな人がいて集中しづらい状況下でセックスすることが多いので、勃起しなかったり、遅漏になりやすい傾向にあります。**そんな時の対処法として、多くの男優が持っているのが「自分の発射スイッチを作る」というもの**です。

　「○○をしたらイク」というポイントですね。**僕の場合は「左乳首**

を触られたら勃起・射精する」という暗示をかけています。なので、危ない時は女優さんに左乳首を触ってもらうようにしています。嘘だと思うかもしれませんが、僕はこのスイッチに何度も助けられています。

②オナニーのしすぎ

オナニーを控え、射精をしばらく我慢してみてください。無理という人は、いまの半分くらいの回数に抑えてみてください。**辛いかもしれませんが、性欲が溜まれば溜まるほど、セックスの時の「集中力」が増します。**我慢しないと得るものはありません。

③女性に期待を持ちすぎ

AV やオナニーに慣れすぎていることの弊害のひとつです。

セックスに慣れてない女性や、時には「気持ちいいポイントが違う」と思う女性に会うこともあるでしょう。でも、そう感じるのは「AV やオナニーで得る快感に慣れすぎてしまっている」からです。

本来、セックスは脳でするもので、身体の快感だけを求めるものではありません。なので、女性に対しては常に感謝の念を忘れずに。「刺激が弱いなぁ」「ポイントが違うなぁ」などと思わないようにしましょう。

④性欲の減退

単純にムラムラする気持ちが減っているのも原因のひとつかもしれません。または、自分よりも相手を気持ちよくしたことで脳が満

足しているのかもしれません。これについては「セックスレス」の頁（P184）で後述しますが、男性ホルモンの分泌を増やせば性欲を回復させることは可能です。

⑤身体的な問題がある（主に神経系の病気）

神経システムに障害があると、遅漏になる可能性があります。具体的には脊髄損傷、多発性硬化症、骨盤内の外科手術、糖尿病、アルコール中毒など。また、高血圧薬、抗うつ薬、抗精神病薬、前立腺肥大症治療薬、脱毛症の治療薬を服用している場合も原因になりえます。

なお、加齢とともにペニスの感覚が鈍感になり、同様の症状を引き起こすこともあります。**50歳を超えたら、毎日射精をして神経の衰えを防ぎましょう。**

「物理的な刺激」と「脳の刺激」に集中できる準備をしましょう。

しみペディア

早漏よりも遅漏のほうが治しにくいと言われています。早漏の人は「長くやりたい」、遅漏の人は「早くイキたい」。人はどんな状況でも悩むんです。

射精の伝え方で
今後の関係が変わる？

　込み上げてくる抑え切れない衝動「射精」が襲ってきたとします。その時点で、女性がどれほど満足しているのかによって、イク際に男性が発する言葉の解釈が変わってきます。

　みなさんは、どういう声を出していますか？

　気の強い女性に僕が聞いた話では、女性が満足していない時に「イっていい？」と声をかけるのは、女性からすると「私がダメって言っても、我慢する気はないんでしょう？」と冷める余地を与えてしまうそうです。 そんなこと言われたらショボンとなってしまいそうですが、現実にそう思う人もいるということを、またまた亀頭の片隅においておいてください。

　とはいえ、もちろん無言でいきなり出すのも、女性からしたら突然終わってしまう寂しさがあるのでダメです。それは、飛行機で映画を観ていたら目的地に着いてしまい、ラストが観られなかった時のように。そんな時は続きをレンタルして観ますよね？　セックスももしかしたら、続きを他の男で…となる可能性もあるかもしれません。

　これに関しては正解はないと思いますが、できれば「あとどのくらいでイッてしまいそうか」を、「もうだめだ」「イキそう」「イク」などと、5文字以内の言葉で、うるさくない程度に前もって伝えましょう。 その時に、相手に「もうちょっと頑張って」という雰

囲気や寂しそうな表情で言われた場合は、側位やしみクンニなどを使って、なんとか射精を回避しましょう。

ちなみに、僕がセックス中に言われて興奮する言葉は「イキそう」と言うと、「ダメ！」と即答されることです（笑）。その言葉に興奮し暴発します（すぐさま2回戦で文字通り穴埋めしますが…）。

ただ、自分では調整できるつもりでも、女性の声を聞くと興奮して、いきなり出てしまうことも多いです。

女性のみなさんにはぜひ知っておいて欲しいのですが、女性の「イキそう」という言葉は男にとってのミラクルワード。まだ余裕があったのにその言葉を耳にしたばかりに射精してしまう男性もいるので注意しましょう。

「あとどれくらいでイッてしまいそうか」を前もって伝えましょう。

しみペディア

「イク〜！」って言うけれども、「いったいどこに行くの？」と疑問に感じたことはありませんか？　一説によると、「彼岸（煩悩を解脱した涅槃の境地）」のことなんだとか。それくらい頭のなかが真っ白になるってことなのでしょうか。

四種目の神器「電マ」を操る

　日本神話において天孫降臨の時に、瓊瓊杵尊が天照大神から授けられたという"三種の神器"を、みなさまご存じでしょうか？

　ヤマタノオロチの尾から生まれたという「草薙剣」、神宝の「八尺瓊勾玉」、岩戸隠れの際に作られたとされる「八咫鏡」……。

　それから数千年後……19世紀のとある国では、信仰上の理由から、「女性が性を楽しむ」ことが禁じられていました。性行為は子作りである。そんな思想から、たとえ夫婦間の交わりだったとしても、夫がズボンに穴をあけ、そこから出したペニスを挿入したり、声を出してはいけないということが当たり前に行われていたそうな。

　でも、こんな禁欲的な状態では、当然女性は欲求不満になってしまいますよね。そんな性的欲求不満からヒステリーとなった女性たちが駆け込んだ先が「婦人科病院」でした。治療を目的とするので、そこでは大いに声を出してよい。

　大量に押し寄せる欲求不満の女性たちを鎮めるべく、婦人科医師たちが毎日がんばるのですが、身体がもたない。そこで発明したのが、四種目の神器である「電動マッサージ器」。通称「電マ」だったそうです。

　使い方によっては、電マは非常に心強い味方となってくれます。

　ここで、電マの正しく、かつ効果的な使い方をご紹介したいと思います。

まず、大前提は「痛くしないこと」。

電マは神器ではありますが、あくまでプラスチックの人工物です。使い方によっては、性器を傷つけてしまう可能性もあるので、「受け身側」の女性たちにしてみれば、電マはもちろん、おもちゃの使用に対しては不安を感じることもあるでしょう。

ちょっとした力加減ひとつで、痛みにも快感にもなりえる諸刃の剣でもあります。

そこで、「はじめて電マを使う」という男性にぜひやっていただきたいのは、一度自分のペニスに電マを当ててみること。そして、「どのくらいの力加減でどのくらいの強さなのか」を知っておくべきです。

自分で電マの強さを知ることで、「女性の身体で一番敏感ともいえるクリトリスにこの振動を与える」ということを、しっかり体感してください。

電マにかぎらず、どんなおもちゃに関しても、まず女性に安心感を与えることが一番大切です。

人は「どんなことが起こるのかわからない」という未知の状態に対して、不安を感じる生き物です。おばけ屋敷だって、なにが出てくるかわからないからこそ、恐怖を感じるもの。

はじめての電マも同様で、女性にとっては恐怖感は強いでしょう。なので、「いまから電マを使ってみようか。はじめはゆっくり当ててみるから、もし合わなかったり、痛かったらすぐに言ってくれたらやめるからね」と優しく言葉をかけてあげましょう。

「痛い」「怖い」と言っているのに女性に強要するのは、絶対にやめましょう。「イヤよイヤよも好きのうち」なんて言葉は頭から捨ててください。

そして次に、電マにスイッチを入れますが、ここですぐに彼女の

身体に電マを当ててはいけません。**まずは、弱めの振動にして、彼女の耳元に電マを近づけてください。**ここで、彼女が「くすぐったい」「笑っちゃう」などというリアクションを取るようだと、まだエロスイッチがオンになっていない証拠です。愛撫などで物理的な快感を与えて、早めにエロのスイッチをオンにしてあげましょう。

では、電マを使ってどこを愛撫するべきか。おっぱいや乳首は、電マには不向きなので（使うならばローターのほうが有効です）、こちらはさらっと通過しましょう。

続いて「恥骨」部分へ。恥骨の下には「ポルチオ性感帯」があるので、そこに少し予備振動を与えて、振動を身体に慣れさせてあげてください。だいたい 10 秒くらいが目安になります。そして、内股を通過。もし、下着をまだはいているのならば、下着の上も通過しましょう。

最後は、いよいよ最大の快感ポイントである、「クリトリス」へ。

ちなみに、電マでクリトリスを刺激する方法には、10 種類あります。

まず、クリトリスの皮をかぶせた状態での「上から・下から・左から・右から・垂直あて」の 5 種類。そして、クリトリスの皮をむいた状態からの「上から・下から・左から・右から・垂直あて」の 5 種類。計 10 種類です。

電マは刺激が強いので、強さは「弱」にあわせて、まずは「皮をかぶせた状態での上から」と「皮をかぶせた状態からの垂直」あてからスタートしましょう。僕の経験から、この当て方に対して「そこがいい！」と叫ぶ女性たちが全体のうち約 8 割。

なお、クリトリスに当てる時は、大陰唇・小陰唇・陰毛などのほかの部位を巻き込んでしまうと、女性が痛みを感じるかもしれないので注意しましょう。

その後は、相手の反応を見つつ、強弱を変えながら、一番感じるポイントをリサーチしていきましょう。もし、彼女が「そこそこ！」と言って喜ぶポイントを見つけたら、そこで固定。下手に動かさぬようにご注意を。ここでも「芯をとらえる」ことが大切です。

ここからは普通の人はなかなかやらない電マのテクニックを。

それは、10秒に1回、一瞬、電マをクリトリスから離して、また同じところを当てる動き「通称・息継ぎ」をしてあげるのです。

繰り返しになりますが、クリトリスは非常に繊細な部位です。ずっと同じ場所に電マを当て続けていると、クリトリスの感覚が馬鹿になってしまったり腫れ上がってしまって、イク瞬間を逃してしまうこともありえます。なので、この息継ぎをしてあげたほうが、クリトリスが馬鹿にならずに、快感が増します。

ここでおさらいすると、電マは「耳で音を聞かせる→胸を軽く通過→恥骨でポルチオに予備振動を与える→内股・下着上を通過→クリトリスを優しく、かつ息継ぎしながら刺激」という順番で使っていくとよいでしょう。

さぁ、これをマスターすれば、あなたも電マの魔術師。健闘を祈ります。

一度、自分のペニスに当てて、加減を体感しておきましょう。

MEMO

Lesson 11

後戯について

SHIMIKEN's BEST SEX

後戯をしない男は
クズである

　セックスが終った後の後戯を見れば、男性が女性をどれだけ想っているかがわかります。

　男女の関係が「身体だけ」「快楽だけ」の関係なら、「終わったらさようなら」という選択肢もあります。しかし、恋人や大切なパートナーなら、ぜひ「後戯＝コミュニケーション」をとっていただきたいと思います。

「後戯」といっても、舐めたり、攻めたりしろと言っているわけではありません。**女性が「幸せだ」「大事にされているなあ」「この人に抱かれてよかった」と思ってくれるように、感謝の気持ちを注ぐことを「後戯」だと考えています。**

　多くの男性は、射精をした後に「賢者タイム」へと突入し、活動が鈍くなってしまいます。でも、その賢者タイム中に、いかに女性のことを想い、優しく振る舞えるかが「愛」だと僕は思います。

　よく言うのが、「好き−セックス＝愛」の方程式。

　セックスするまでは優しい男はたくさんいますが、セックスの後にも優しく振る舞える男は、果たしてどれだけいるのでしょうか。セックスするまでは「好きだ」「愛してる」と口にしても、それは性欲からくる言葉かもしれません。女性は後戯で「この人は自分のことをどう思っているのか」という相手の気持ちを、敏感に感じとるのです。

また、この積み重ねがセックスレスの予防にもなります。

　セックスが終わったからといってすぐに背中を向ける男よりは、セックス終了後にティッシュやタオルなどを持ってきてくれる姿や、賢者タイム中に「自分がどれだけ存在するのか」を見て、女性は「また抱かれてもいい」と思ってくれるのです。

　後戯をないがしろにする男性ほど、２度目がなかったり、女性との恋愛トラブルを起こす傾向もあるので、よく注意しましょう。

　さて、後戯の際、その場を離れてティッシュやタオル、水を持ってきている間は、女性をひとりにさせてしまいます。なのでオススメは、ベッドの手の届くところに、ひそかに「後戯セット」を用意しておくと、「後戯上手＝デキる男」を演出できます。あくまで自然に置くこと。あまりにもキッチリそろえられていると、「あなた、どんだけ女呼んでんのよ」と勘ぐられてしまいますので、あくまでも「自然にあった」風を演出しましょう。

・ティッシュ
・タオル２枚（１つは汗ふき用、もう１つは女性の身体にかけてあげる用）
・水（ローションとゴムもあると、セックスがはじまる前に便利です）

　とにかく、女性を気持ち的にも物理的にもひとりにさせないことが肝心です。

相手に感謝の気持ちを伝えるのが後戯です。

セックスレスは改善できます！

　セックスレスは、「レス」になってしまってから対処するのはなかなか難しいです。よって、最大のセックスレス防止方法は「セックスレスにならないようにすること」なのですが、まずは原因から紐解いていきましょう。

　人はなぜセックスレスになるのか。これは、すでに脳科学によって解明されているらしく、強い刺激が大好きな人ほど、セックスレスになりやすいそうです。恋をすると、人は刺激を感じて、脳内物質のドーパミンが出まくります。しかし、悲しいかな、同じ相手に対してドーパミンを求め続けるというのは難しく、1年から2年ほどでドーパミンの量は劇的に減ってしまうのです。

「じゃあ、全世界のカップルが2年以上付き合えないじゃないか」と思われるかもしれません。しかし、長く一緒にいることによって、お互い安らかでリラックスできる関係になったら、今度はドーパミンの代わりに、オキシトシンと言われるホルモンが放出されるようになります。

　このオキシトシンは別名「幸せホルモン」とも呼ばれていて、脳内に大量に放出されるととても満ち足りた気分になるそうです。このホルモンが出ると、セックスの快楽よりも、「好きな人と結ばれた」という気持ちのほうが強いセックスになります。

　この「ドーパミン→オキシトシン」への切り替えが上手にできる

人は、セックスレスになりづらいと言われています。

　でも人ってそんなすぐには変われないですよね…。人間はホント欲深いもので、つい刺激を求めてしまいます。その結果、セックスレスが生まれてしまうのです。現状で満足できないのです。

　この本を読んでいる、まだセックスレスになっていないカップルの方々にアドバイスです。**相手に刺激を持ち続けるのではなく、相手と一緒にいることの「幸せ」を求め続けてください。それこそが、オキシトシンをうまく引き出し、セックスレスにならない最大の方法です。**相手を尊敬し愛すること。そうやって、自然とスイッチングしていくのが望ましいでしょう。火事になってからの火消し作業はとても大変。大火事にならないようボヤのうちに消火活動を。

　一方、すでにセックスレスになっているあなた。これは、正直改善するのは至難の業。そしてセックスレスの原因は80％男性にあると心すること。

　よく「子どもを産んで、女から家族になってしまった」なんてぬかす男がいますが、うそこけコノヤロー！　隣の奥さんや子どものクラスメイトのお母さんにはムラムラしてるやんけ！（笑）なので、これは100％男側の都合のよい言い訳なのです。

　しかし、女性が「子どもを産んでから夫を男として見られなくなった」というのは理にかなっています。女性は出産すると母乳を出すため、プロラクチンというホルモンを放出させます。このプロラクチンは男の「賢者タイム」の原因となる物質なのです。なので、母乳が出ている時は、男の「賢者タイム」の状態なのです。

　ちなみに原因の残りの20％は女性にあります。いつまでも美しくあってください。仕事、家事、子育てでたくさんのストレスを抱えているのは重々承知ですが、たまには旦那さん（彼氏）と出会った時のことを思い出してみてください。その時と比べて、体重、体型

に変化はありませんか？　美容室に行く頻度は落ちていませんか？　加齢によるものは「味」に変えていきましょう。

　さて、男性のすることは、とにかくムラムラする体質作りをすることです。男性ホルモンの分泌が多くなるような体質づくりを心がけてください。

　では、どうしたら男性ホルモンの分泌がよくなるんでしょうか？

　一つ目に大切なのは、食事内容（栄養）。あえて名前を挙げるなら、亜鉛、アミノ酸の一種アルギニン。これらの栄養素は別々に摂るのではなく、一緒に摂取したほうが効果は高いので、僕はサプリメントをいつも持ち歩き、欠かさず摂るようにしています。

　それぞれの摂取量について、参考までに僕のケースを記します。

　まずは亜鉛ですが、厚生労働省によると成人男子は1日12mg前後となっていますが、僕は1日だいたい70mg〜90mgほどを摂取します。これを10年以上続けていますが、身体に支障はありません。でも10年後、どこか壊すかもしれないので、責任はとれません。

　なお、亜鉛だけでなく、クエン酸も一緒に摂るとより吸収がよくなります。「多く摂り過ぎるのは心配だ」と思う人もいるかもしれませんが、リスクを取らないと前には進めません。いきなり多量摂取すると中毒症状が出る可能性もあるので、何事もゆっくり徐々に量を増やしていくのが僕流です。

　続いてアルギニン。アルギニンは必須アミノ酸で、僕は1日に3〜4回、5g（5000mg）ずつ摂ります。コンビニや薬局で売っているアミノ酸の成分表を見てください。屁みたいな量しか入っていませんので注意。僕は数字にこだわります。

　続いて「運動」。マラソンなどの有酸素運動ではなく、無酸素運動をおこなってください。無酸素運動にしても、できるだけ下半身

を中心にしたものを取り入れるとよいです。

　僕が推奨するのは「スクワット」。脚の四頭筋には「ホルモンレセプター」と呼ばれる男性ホルモンの受容体が多く存在します。足が太ければ太いほど男性ホルモンを吸収してくれるんですね。

　最後に「睡眠」。人は寝ている間に成長ホルモンが分泌されるので、できるだけしっかりと良質な睡眠を摂るように心がけたほうがいいでしょう。なお、人間は1日5時間半眠ると血液が奇麗になるそうです。血液がドロドロして血流が悪くなると、ペニスの勃起力がなくなります。それ以前に健康によくない。なお、僕の睡眠時間は5〜6時間。眠れる時は7時間くらい寝ます。

　この仕事をしているとよく「毎日、3回も4回もセックスして、嫌になりませんか？　よく飽きませんね」と質問されます。今お腹がいっぱいでも、明日はお腹が空く。それと同じです。**僕は毎日食事内容に気を配り、スクワットを繰り返し、夜更かしや遊ぶのを我慢しているおかげで、男性ホルモンが製造され、欲が尽きないのかなと思っています。**

　僕は、男女間のトラブルは、たいてい男側に非があると思っています。セックスレスに関しては先にも言った通り、80％は男側が悪いです。いろいろと文句を言う前に、みなさんはちゃんと努力してますか？　とにかく毎日、亜鉛やアルギニンを摂取し、規則正しい食事をして、スクワットをやって、良い睡眠をとってください。奥さんや僕に文句を言うのは、それからです。

亜鉛、アルギニン、規則正しい食事と睡眠、スクワットを試してみましょう。

Never Ending Story
あとがきにかえて

　さて、ここまでたくさんのセックス奥義をお伝えしてきましたが、いかがだったでしょうか？

　ただ、この本のなかで僕がお伝えしたのはあくまで「基本のキの字」だということをお忘れなく。何事にも例外はつきもので、ここで僕が紹介したもの以外のテクニックでも、お互いに楽しめるセックスは必ずあります。そして、セックスには正解がないため、僕もずーっと答えを探しているような、そんな思いで本書を書きました。

　そんななかでも、ハッキリと言えることは、**しっかりとパートナーとコミュニケーションを取り、お互いの気持ちを探りあいながらセックスすることが大切ということ**。本書のなかでも何度もお伝えしてきましたが、最高に気持ちのよいセックスをするためには、これが一番重要なことです。

　これらのことを踏まえたうえで、この本がみなさまの楽しいセックスライフのきっかけとなれば、これ幸いです。

> コミュニケーションを取って、
> 「お互いが楽しめるセックス」を
> 探していきましょう。

しみけん

AV男優。1979年9月1日、千葉県生まれ。
2017年現在、男優歴19年、経験人数
9000人、年間約500本の作品に出演する、
正真正銘のトップ男優。他を圧倒する知識
と経験で、女優からの信頼も厚い。「しみ
クンニ」、「ロールスロイス」などオリジナ
ルの技も考案する。クイズ好きとしても知
られており、「地下クイズ王決定戦!!」(BS
スカパー!「BAZOOKA!!!」)では2連覇
を達成。著書に『AV男優しみけん 光輝く
クズでありたい』(扶桑社)がある。

ブログ　http://ameblo.jp/avshimiken/
Twitter　@avshimiken

SHIMIKEN's BEST SEX
最高のセックス集中講義

2017年 5 月20日　初版第 1 刷発行
2017年12月24日　　第 6 刷発行

著者　しみけん

カバーイラスト　峰なゆか
ブックデザイン　勝浦悠介
本文イラスト　おおしまりえ
写真(帯・本文)　林 和也
編集　圓尾公佑

発行人　北畠夏影
発行所　株式会社イースト・プレス
　　　　東京都千代田区神田神保町2-4-7久月神田ビル
　　　　TEL:03-5213-4700
　　　　FAX:03-5213-4701
　　　　http://www.eastpress.co.jp

印刷所　中央精版印刷株式会社

ISBN978-4-7816-1527-1
ⒸSHIMIKEN 2017, Printed in Japan